여성복지론

강라현 · 공영미 · 류혜원 · 박지유 공저

여성복지론

강라현 · 공영미 · 류혜원 · 박지유 공저

동문사

PREFACE

머리말

여성문제는 사회환경 변화 속에서 역사적, 정치적 시각에 따라 변화해왔다. 과거에 비해 사회적 지위 향상, 인권이 보장되면서 양성평등기본법은 여성발전기본법이 변경되면서 보편적 양육자모델을 실현할 수 있게 되었다는 평가를 받고 있다. '제4차 건강가정기본계획(2021~2025년)'은 「건강가정기본법」(제15조)에 근거한 것으로 '모든 가족, 모든 구성원을 존중하는 사회' 구현을 비전으로 급격한 가족 변화가 반영되었다. '가족 다양성 인정', '평등하게 돌보는 사회'를 목표로 다양성, 보편성, 성평등의 정책 기조를 강화하였다. 「양육비 이행확보 및 지원에 관한 법률」은 한부모가족운동가, 자조모임, 당사자 조직의 주체적 의사를 표명하여 비양육자의 양육비 채무 불이행 문제를 감치명령, 출국금지, 명단공개 등의 법적 제재조치라는 쾌거를 보여주었다. 이는 양육비 지급은 아동의 생존권을 보장한다는 인식이 생겨나게 한 계기가 되었으나, 감치명령 조건 삭제, 이행명령 후 제재조치 절차 간소화, 양육비이행관리원 독립·권한 강화는 여전히 보완되어야 할 부분이다. 1953년 제정된 낙태죄는 여성의 자기결정권과 재생산권을 국가 차원에서 침해한 것으로 비판받았다. 일부 정치, 종교계에서는 생명 윤리를 경시하는 사회 풍속이 생겨날 것을 우려하여 낙태죄 폐지에 반대하는 담화를 발표했다. 그럼에도 불구하고 수많은 여성들의 연대와 희생의 결과, 낙태죄는 2019년 4월 11일 헌법불합치 판결로 현재 폐지되었다. 이처럼 여성은 배제, 소외의 조건 속에서 젠더 불평등을 극복하고 각자의 위치에서 보다 나은 삶을 살아내고 있다.

이 책의 집필은 사회복지 영역에서 여성의 문제를 가족, 문화, 노동, 정책, 실천 영역 등과의 관계를 남성에 종속되거나 제시하고자 하는 목적에서 시작되었다. 또한 집필진의 연구 결과. 사회복지실천현장의 사례, 프로그램 등을 여성과 관련된 정책 및 제도와 연결시켜 현실 문제를 면밀하게 이해할 수 있도록 총 3부, 15장으로 구성하였다.

제1부 〈여성문제와 사회복지적 이해〉
제2부 〈여성복지의 접근방법〉
제3부 〈여성과 사회복지실천〉

아직까지 많은 부분을 고민하고 젠더 역학에 대한 이해를 도와 페미니즘의 위상을 바로 세우는 연구가 뒷받침되어야 할 것은 분명하다. '여성'을 사회복지의 대상에서 자신의 삶을 주체적으로 만들어가는 존재가 되는데 미약하게나마 힘을 싣는 작업이길 바란다. 독자들의 문제제기를 통해 부족한 부분은 수정, 보완할 것을 약속한다. 이 책이 나오기까지 많은 분들의 도움이 있었다. 오늘도 성평등을 고대하며 사회복지실천현장에서 고군분투하는 경상남도 한부모가족지원센터 김민정 팀장님과 한부모가족의 권리보장을 위해 목소리를 내고 있는 손민희 부대표님, 여성주의 시각에서 내용 구성에 대한 첨삭을 아낌없이 해주신 여성인권운동가 세 분께도 감사드린다. 마지막으로 짧은 기간에도 불구하고 출간되도록 이끌어준 동문사 편집부 선생님들께 지면으로 감사의 인사를 대신한다.

2024년 1월

저자 일동

CONTENTS

차 례

머리말 _ 4

Part Ⅰ. 여성문제와 사회복지적 이해

Chapter 01 **성(Sex)과 젠더(Gender)** 13

01 ‖ 성(Sex)과 성역할 ······ 15
02 ‖ 성차별과 성평등 ······ 16
03 ‖ '몸'에 대한 이론적 논의 ······ 21
04 ‖ 사회적으로 구성되는 성별을 다루는 젠더 담론 ······ 25

Chapter 02 **여성과 여성운동** 29

01 ‖ 여성문제 ······ 31
02 ‖ 여성복지의 필요성 제기 ······ 38
03 ‖ 여성해방운동 ······ 39
04 ‖ 여성주의 관련 이론 ······ 45

Chapter 03 **여성과 가족** 51

01 ‖ 정상가족 VS 비정상가족 ······ 53
02 ‖ 다양한 가족 출현과 변화 ······ 54
03 ‖ 법률상 가족의 개념 ······ 59

Part Ⅱ. 여성복지의 접근방법

Chapter 04 **여성과 사회복지 관련법** 71

01 ▌ 여성과 관련된 법 73
02 ▌ 여성과 관련된 사회복지서비스 74
03 ▌ 양성평등기본법 75
04 ▌ 한부모가족지원법 77
05 ▌ 양육비이행법 78
06 ▌ 건강가정기본법 78

Chapter 05 **여성과 사회보장제도** 83

01 ▌ 국민연금 85
02 ▌ 국민건강보험 88
03 ▌ 고용보험 89
04 ▌ 산재보험 90
05 ▌ 공공부조: 국민기초생활보장제도 92
06 ▌ 공공부조: 기초연금제도 93

Chapter 06 **여성복지정책과 사회복지서비스** 95

01 ▌ 여성복지정책의 개념과 범주 97
02 ▌ 한국여성복지정책의 전개와 발전 98
03 ▌ 여성과 사회복지서비스 101
04 ▌ 사회복지전달체계의 분류 및 형태 104

Part Ⅲ. 여성과 사회복지실천

Chapter 07 **한부모여성** ——— 111

01 ‖ 한부모가족의 증가와 실태 ······ 113
02 ‖ 한부모가족을 위한 사회적 지원 ······ 116
03 ‖ 사회복지실천을 위한 방향 ······ 119

Chapter 08 **비혼모** ——— 127

01 ‖ 비혼모 발생원인 ······ 129
02 ‖ 비혼모자가족을 위한 사회적 지원 ······ 131
03 ‖ 사회복지실천을 위한 방향 ······ 135

Chapter 09 **학교 밖 청소년** ——— 147

01 ‖ 학교 밖 청소년의 발생원인과 실태 ······ 149
02 ‖ 학교 밖 청소년 vs 가정 밖 청소년 ······ 151
03 ‖ 청소년 정책과 사회복지 실천적 접근 ······ 153

Chapter 10 **여성 북향민** ——— 161

01 ‖ 북향민의 여성문제 인식 ······ 163
02 ‖ 여성 북향민의 현황 ······ 166
03 ‖ 북향민을 위한 사회적 지원 ······ 167

Chapter 11 **다문화가족의 여성** ——— 171

01 ‖ 다문화가족의 현황 ······ 173
02 ‖ 다문화가족의 문제와 해결방안 ······ 177
03 ‖ 다문화가족지원정책과 사회복지서비스 ······ 180

Chapter 12 폭력피해여성 183

01 ▌폭력피해여성의 원인과 실태 185
02 ▌폭력피해여성을 위한 정책 192
03 ▌폭력피해여성을 위한 서비스 전달체계 195

Chapter 13 여성과 장애 199

01 ▌여성장애인의 현황 201
02 ▌장애인복지현장에서 나타난 주요 문제 203
03 ▌여성장애인 복지영역에서의 과제 205

Chapter 14 여성노인 209

01 ▌여성노인의 현황과 실태 211
02 ▌여성노인을 바라보는 사회적 시선 214
03 ▌여성노인의 사회적 관계와 특성 216

Chapter 15 성매매와 여성 219

01 ▌성매매의 정의 221
02 ▌성매매에 대한 패러다임 변화 222
03 ▌성매매방지정책의 과제 224

Part I

여성문제와 사회복지적 이해

Chapter
01

성(Sex)과 젠더(Gender)

1. 성(Sex)과 성역할
2. 성차별과 성평등
3. '몸'에 대한 이론적 논의
4. 사회적으로 구성되는
   성별을 다루는 젠더 담론

1. 성(Sex)과 성역할

1) 성(Sex)과 성적 정체성(Gender Identity)

성 개념은 생물학적 차이를 나타내는 성(Sex)과 성별에 따라 사회문화적 형성되는 차이를 내포하는 사회적 성으로서 '성'(Gender)이 있다. 젠더(Gender)는 생물학적 차이를 기반으로 하여 사회심리적 학습된 행동과 기대되는 성역할을 하게 한다. 즉, 사회적 성은 성적 정체성(Gender Identity)을 의미한다. 젠더가 갖는 성적 정체성은 어떻게 만들어지는 것일까? '남성답게', '여성답게' 길러지는 성적 정체성은 사회적으로 기대되는 성역할 규범, 성 역할 획득에 영향을 미치는 요인이라고 할 수 있다(김향선 · 주정, 2020; Freedman, 2007). 성적 정체성이 갖는 특성을 정리하면 다음과 같다. 사회적으로 구성되며 변화 가능한 것으로 선천적이거나 고정불변의 것이 아니며, 남성의 경우 가부장적 권력 구조하에서 성 차이가 옹호된다고 설명한다(조흥식 외, 2010).

2) 성역할

성역할은 다양한 사회문화에 영향을 받고 사회화 과정을 거쳐 형성된다. 이는 생물학적 성(Sex)과 사회문화적으로 드러나는 성적 특성을 의미하는 젠더(Gender)를 구분하는 논의가 필요하다. 국립국어원은 "성(Sex, 생물학적 특성에 근거한 성별)과 관련된 개념의 균형을 고려했다"고 했다. 기존에는 생물학적 의미의 성을 뜻하는 '섹스(Sex)'만 사전에 올라가 있었다. 젠더(Gender)는 생물학적 성별에 따라 사회가 규정짓는 특성, '사회적 성'이라고 할 수 있다. 여성(남성)이라 해서 모두 같진 않지만 '여성(남성)스럽다'는 특성은 여성(남성)을 규정짓는다. 이처럼 젠더(Gender) 관점에서 보면 고정된 성별 관념이나 역할이란 있을 수 없다.

서구에서는 이미 1970~1980년대 생물학적 성(Sex)과 사회문화적으로 드러나는 성적 특성을 의미하는 젠더(Gender)를 구분하는 논의에 비판한다. 또한 후기구조주의 페미니스트들은 이런 구분에 의문을 제기하고 있다. '젠더(Gender)'를 '수행

(Performance)'으로 보는 주디스 버틀러(Judith Butler)[1]의 주장이 이를 뒷받침한다. 주디스 버틀러(Judith Butler)는 생물학적 '성(성별, Sex)'과 문화는 서로 영향을 주고받기 때문에 "생물학적 성별, 사회적 성역할에 의해서 결정되지 않는 자유로운 주체(성별에서 벗어난)"라고 주장한다(조현준 역, 2022: 31-35).

| 표 1-1 | 성 개념의 3가지 유형

섹스(Sex)	젠더(Gender)	섹슈얼리티(Sexuality)
• 생물학적 특성에 근거한 성별(남성 또는 여성)	• 사회문화적으로 기대하는 성역할 규범과 제약 • 사회적 경험, 훈련에 따라 남녀의 기질이 습득된다는 것을 강조하는 사람들은 젠더를 강조함	• 성을 인간의 본능, 생리적인 충동의 표출 – 대표학자: 프로이트(Freud), 프롬(Fromm) 등 • 인간의 심리와 사회문화적 구조에서 관습적인 사회생활의 일부 – 대표학자: 플러머(Plummer), 미첼(Mitchell) 등

출처: 조흥식 외(2010: 16-18)와 김성철 외(2023: 11-15)를 재구성.

2. 성차별과 성평등

1) 사회문화적 억압과 성차별: 가부장제

혼인과 혈연관계로 유지되는 관계에서 성 차별적 사회구조 속에서 성차별 문제는 여전히 존재한다. 과거 남성에 대한 여성의 종속은 경제적·성적으로 나눌 수 있으며 유사한 개념으로 성별 분업체계가 있다. 남성은 가족 부양을 비롯하여 경제, 노동 등 공적 영역에서의 책임을 하는 반면, 여성은 자녀 출산과 양육 등과 같은 돌봄 영역에 해당하는 사적 영역에서 의무로 부담시킨다. 이에 따라 남성은 가장으로서 여성에게 자신의 가문을 전승, 혈통 유지하기 위한 성 통제를 강화하는 기저가 있다. 한국의 가부장제는 남성 중심의 사회구조 속에서 억

1) 조현준 역(2022). 주디스 버틀러의 젠더 허물기 읽기. 서울: 세창출판사.

압과 차별 문제의 핵심을 이루고 있다(조흥식 외, 2010: 18).

가부장제(Patriarchy)는 현재까지 여러 가지 방식으로 나타난다. 아버지(patri)와 지배(archy)가 합쳐진 단어로, '가족의 대표자인 아버지가 가족 성원에게 행사하는 일방적인 권위 혹인 지배', 남성들이 우월한 위치에서 지배하고 여성들은 종속적이고 의존적인 상태에 놓여 있는 체계로 지칭한다(한국여성연구소, 2018: 23). 남성은 '부양의무자', 여성은 '양육자'라는 인식에서 성별 분업 이데올로기는 작동한다. 이러한 사례는 농협중앙회 '사내부부 우선 명예퇴직(1999)', 성별 직업 분리 관행이 1980년 이후에도 지속되고 있다. <표 1-2>에서 직종 대분류별 여성 비중을 살펴보면, 1993년부터 2000년에 사무직종과 서비스 및 판매직에서 여성이 차지하는 비중이 증가하는 추세를 보인다. 직종을 세분화하여 보면 서비스 및 판매직 등과 같은 전통적인 여성 직종을 중심으로 집중되는 경향을 보인다(강이수 외, 2004 재인용).

| 표 1-2 | 직종 대분류별 여성비중(1993~2000년) (단위: %)

	1993	2000	여성우위 직종	증감
계	40.3	41.4		-
입법공무원, 고위임직원 및 관리자	6.1	4.9		-
전문가	35.5	36.0		-
기술공 및 준전문가	34.8	31.6		↓
사무직원	47.0	51.8	○	↑
서비스 근로자 및 상점시장 판매	56.6	60.8	○	↑
농업 및 어업 숙련근로자	45.6	46.6	○	-
기능원 및 관련 기능 근로자	25.1	23.1		↓
장치 · 기계 조작원 및 조립원	22.7	13.3		↓
단순노무직 근로자	50.8	51.9	○	-

↑: 여성 비중의 증가, ↓: 여성 비중의 감소, -: 여성 비중 불변 혹은 미미한 변화

출처: 통계청. 경제활동인구조사. 강이수 외(2004) 재인용.

2) 성 역할과 젠더 정체성

한국 사회의 가부장제도에서 성별(Sex)에 따라 부과되는 성 역할과 이를 근거로 젠더 정체성(Gender Identity)은 세 가지 특징을 갖는다.

(1) 기능의 이분화

성 역할은 남성과 여성으로 이분화한다. 여성의 성은 전적으로 생식의 기능, 모성 역할을 중시하는 반면, 남성은 사회에서의 역할을 요구한다.

(2) 이분법적 속성 내포

성 역할은 성의 사회성을 갖추게 하는 속성을 가진다. 남성은 '남성성'에 대한 규정을 독립적, 공격적, 유능함 등으로 표현하는 반면, 여성은 소극적, 의존적, 방어적 등으로 '여성성'을 부담하는 이분법적 속성을 포함한다.

(3) 상이한 성욕 충족방법

남성 중심적이고 우월적 지배 원리가 작용하는 가부장제의 성 문화는 성관계에서도 남성은 성욕의 자유로운 표출이 가능한 반면, 여성은 사회문화적 관습에 적응하는 상태에서 순결, 정절을 절대적 의무인 동시에 그 가능성 자체를 원천적으로 배제한다. 이는 여성의 성 역할은 생식의 기능을 유일한 목적으로 본다는 의미로 볼 수 있다.

3) 성별 규범의 균열과 변화: '개인적인 것이 정치적인 것이다'

일과 가정이라는 이분법적 구도가 유지되어온 시대적 배경에 따라 성역할은 상호교차하고 있음을 볼 수 있다. 성역할 양상과 젠더 관계의 변화를 노동과 돌봄 경험을 통해 살펴보고자 한다.

(1) 1970년대

여성들은 가사 담당, 주 양육자의 역할을 하고 가정 경제 행위를 하는 등의 성 역할이 유지된다. 가부장제 체계에서 남성은 '생산적 노동', 여성은 '재생산 노동'으로 이분화되어 있다. 그 당시 가족관계 속에서 성차별은 가부장제를 벗어나지 않는다. 즉, 대가족 체계에 속한 위계화된 가족 구조에서 가사노동과 출산, 양육의 의무(남아선호사상)는 당연한 것으로 규정된다(김향선 · 주정, 2020: 14).

| 그림 1-1 | 한국의 가족 익산

| 그림 1-2 | 한국의 가족, 동부이촌동

출처: 사진예술잡지(2020). '한국의 가족, 익산', '한국의 가족, 동부이촌동', 사진작가 주명덕 작품, http://themagazine.kr/ 2020년 11월호(검색일: 2023.12.31.)

(2) 1980년대

산업화에 따라 노동형태는 변화되었으나 농촌 여성들은 문중의 가사노동, 재생산 노동으로부터 분리된 것은 아니었다. 또한 가족보호와 양육을 위한 역할은 삼중노동(농업-가사-양육)의 부담은 가중되면서(추주희, 2023: 16), 성차별은 여전히 존재한다. 그럼에도 불구하고 보조적 생계부양자 역할은 유지하고 있다(박지은, 2021; 추주희, 2023: 16). 정리하면, 가족 내에서 돌봄노동 분담은 일부에 불과하며 가족 내에서 가부장적 가족관계와 규범이 유지되고 있다는 것으로 볼 수 있다.

반면, 도시에는 사회구조가 세분화되며 다양한 직업들이 생겼다. 이런 변화는 더 많은 여성들을 노동시장으로 이끌었다. 여성의 경제활동 참여 증가는 남성들의 가부장적인 권위를 약화시켰다. 1988년 10월 비뚤어져 가는 80년대의 결혼풍속도를 신랄하게 비판한 마당극 '같이 가입시더'(고지형 연출)에는 이런 대사가 나온다. '사모님, 제비 한 마리 키우시죠. 결혼! 결혼만이 살길이야. 이 지겨운 공장에서 벗어날 수 있는 길은 오로지 결혼. 그것은 나의 인생. 오! 해방'. 조건으로 흥정되고 있는 중산층의 결혼문제를 다루면서 전체 여성의 문제로 부각시켜 다루고 있다.

| 그림 1-3 | 1980년대 마산수출자유지역 태양유전 여성노동자들

출처: 이혜숙 · 강인순(2015). '나는 대한민국 경남여성'. 경상대학교 출판부.

(3) 1990년대

가족 이데올로기에서는 특정한 성별 노동 분업을 수행하는 핵가족을 가장 바람직하고 전형적인 가족 형태라고 규정한다. 여성은 전형적 가족 이데올로기로 인해 가사노동, 돌봄 노동자의 역할을 무보수로 담당해왔다는 것이다. 일부 여성을 제외하고 열악한 노동 환경에서 노동 강도를 하며 일용직, 비정규직 노동자로 성별 분업 이데올로기는 변화하고 있다(김미성, 2022).

(4) 2000년대

과거 남성 중심의 젠더규범은 도시화, 특정 산업의 쇠퇴에 따른 성역할의 변화와 연결된다. 이는 사회적 성으로서의 젠더 개념에 대한 의제 중에 하나인 '개인적인 것이 정치적인 것이다'라는 주장을 통해 여성주의 시각에서 성차별을 논의한다. 개인적인 것은 정치적인 것이며, 정치는 여러 개인들의 연대로 이루어진다는 것이다. 여성의 소속감이 핵가족과 이에 따른 성 규범을 통해 작동한다는 지적을 받기도 하지만(Wharmore, 1991: 47 재인용; Little & Jones, 2009; Brasler et al., 2014) 개인적 경험은 사회 내 성별 관계의 정치학에 의해서 발생되는 구조적 맥락이 있다는 의미를 내포하고 있다(송다영 외, 2019: 22-23).

3. '몸'에 대한 이론적 논의

1) 자연주의 관점에서의 '몸'

(1) 17세기 말

인류가 공통으로 갖는 '몸', 성별화되지 않은 몸으로 인식되었다. 남성과 여성의 구분에 대한 경계가 명확하지는 않았다. 단, 남성의 몸이 표준이고 여성은 남성보다 열등하다고 간주되었지만 여성의 몸에 열등함이 영구적으로 내재한다고 여겨지지는 않았다.

(2) 18세기 이후

생물학적 차이에 기초해 '남성', '여성'의 범주가 구체화되었다. 여성들의 신체적 연약함에 대한 주장들을 건강/질병 모델로 구체화되었다. 이후 여성들은 신체적 구조, 기능 때문에 자녀 출산과 양육에 적합하다는 교훈이 만들어졌다.

(3) 19세기

의료전문가 집단은 여성들의 몸을 의학적으로 정의하면서 남성과 여성의 몸 사이에 확고한 경계를 설정했다. 특히, 남성들의 직업세계에서 누려온 특권을 보호하기 위해 의학적 설명이 동원되었다. 그 예로 월경 전이나 월경 기간 동안 여성은 감정, 지적으로 불안정하다는 이유로 전문직 등에 종사할 수 없도록 직업에 제한을 두기도 했다.

(4) 20세기

여성의 몸을 출산력, 생식능력의 범주 안에서 규정하고 남성보다 열등한 것으로 규정하는 관습은 지속되었다. 인체 사이의 공통점을 무시하고 차이점을 강조하는 사회적 범주로 몸을 분류한다는 점에서 비판받는다.

2) 사회구성주의적 관점에서의 '몸'

사회구성주의자들은 '몸'을 생물학적 현상만으로 분석할 수 있다고 보는 입장에 반대한다. 몸이 자연적으로 주어지는 것이 아니라, 특정 시대, 특정 장소의 문화적 · 사회적 요소들로 구성된 것으로 보는 입장이다.

(1) 미디어 속 한국 여성의 '외모(몸)' 담론

외모지상주의와 관련한 특정 이미지를 무슨 방식으로 전달하고 있는지 살펴보고 미디어 속 한국 여성의 외모 담론에 대해 정리하고자 한다.

미디어가 비추는 이상적인 미적 요소에 의한 외모 인식이 확장되면서 아름다운 외모를 갖기 위해 적극적인 외모 추구 행동을 하는 사람들이 늘어났고, 외모의 변화된 특성을 가지는 새로운 신조어들이 광범위한 문화에 걸쳐 등장했다. 얼굴과 신체에 대한 다양한 수식어로 외모를 표상하였으며, 상향된 미를 기준으로 노출 빈도를 높임으로써 수용자들에게 매력적인 외모, 탄탄한 몸매, 세련된 스타일에 대한 욕구를 증가시켰다.

| 표 1-3 | 미디어 속 한국 여성의 외모(몸) 담론

주제	연구자 · 자료 (연도)	주요 담론
외모 인식 및 가치관 형성	안진현(2018)	• 획일화된 욕망, 필수적인 자기관리와 투자 강요
관리 행동과 신체 변화 욕구	이지연(2018)	• 외모 스트레스로 인한 신체 변화 욕구 • 성공과 자기 만족을 중요시함
	정호민(2021)	• 관리, 성형을 통해 자신의 이미지를 긍정적으로 향상시키고 싶은 욕구가 있음
다양한 수식어로 외모를 표상	중앙일보 (2020)	• '웹찢남', **'웹찢녀'** • '만찢남 · **만찢녀'** • '꾸안꾸' • '베이글남 · **베이글녀'**
마른 몸이 이상적인 '몸' 이미지로 유통되고 있는 상태	한국경제 (2021)	'프로아나(Pro-ana)'는 찬성을 의미하는 '프로(Pro)'와 '애너렉시아(Anorexia)'를 결합한 신조어

출처: 여천요(2023). "성형 브이로그 창작자와 이용자의 여성 주체 구성에 관한 현상학적 연구." 중앙대학교 박사학위논문 재구성.

외모 관련 수식어로 만화를 찢고 나온 남자 · 여자의 준말인 '만찢남 · 만찢녀'와 웹툰을 찢고 나온 남자 · 여자 '웹찢남 · 웹찢녀(중앙일보, 2020)'부터 세상에서 제일 예쁜 '세젤예', 꾸민 듯 안 꾸민 듯 '꾸안꾸', 얼굴 생김새가 예쁘거나 잘생긴 사람 '얼짱', 훈훈한 기분을 느끼게 하는 성품을 지닌 남자 · 여자 '훈남 · 훈녀', 얼굴은 동안이지만 몸은 근육질 · 글래머인 남자 · 여자 '베이글남 · 베이글녀' 등 현실에서는 물론 미디어 내에서도 다양하게 사용되고 있다. 최근에는 마른 몸이 이상적인 몸 이미지로 유통되고 있어 체형 및 체중 조절을 강박적으로 행하는 '프로아나(한국경제, 2021)'라는 신조어가 젊은 사람들 사이에서 유행하고 있다. 이러한 어휘 사용은 외모의 아름다움에 대한 인식의 구조에 중요한 역할을 담당하며, 이미지를 의미화하고 변화시켜 전달함으로써 대중들에게 외모에 대한 사회적 이슈를 지속적으로 제시하고 있다. 또한 세분화된 지각으로써 표현되는 얼굴과 신체에 대한 다양한 수식어는 많은 사람이 외모에 관심을 기울이고 보편적으로 합의되는 아름다움의 기준을 높게 잡고 있음을 알 수 있다. 외모 품평이 내재되어 있는 표현의 사용은 외모지상주의적 시각과 태도를 반영함으로써 상대방에게 민감한 반응을 불러일으키고 미적 추구 행동을 더욱 강화한다.

(2) 외모의 스펙화

현대 사회에서는 '외모도 경쟁력'이라는 표현과 함께 매력적인 외모가 사회적, 경제적 지위와 계급을 나타내는 하나의 상징이자 상대적 권력으로 여겨지면서, 사회 구성원들의 적극적인 관리 행동이 사회적 불평등에서 벗어나고 자신의 가치를 높이기 위한 불가피한 선택이 되는 담론이 형성되고 있다(안진현, 2018; 정호민, 2021). 취업 준비생들 사이에서 얼굴(Face)과 스펙(Spec)의 합성어 '페이스펙'이라는 용어가 생겨났고(서울경제, 2019) 외모지상주의와 취업의 연관성을 실감케 한다. 평가의 객관성을 잃어버린 채 외모의 경쟁력을 토대로 좋고 나쁨이 판단된다. 아름다움의 상위가 사회적 지위이자 스펙으로 전환된 채 서열이 나뉘는 모습을 느끼게 되는 수용자로서는 자연스레 사회적으로 인정받기 위한 타고난 외모 혹은 매력 자본을 위한 투자와 노력이 있어야 한다고 생각하게 만든다. 고용주의 입장에서도 얼굴이 잘생기고 예쁜 지원자를 받는 것이 수입과 성과에 직결되어 이를 무시할 순 없지만, 다양한 외모가 존재하는 현실과 모순되는 외모에 대한 부당한 차별과 기회의 제한은 외모지상주의의 이면으로 드러난다.

4. 사회적으로 구성되는 성별을 다루는 젠더 담론

현대 사회에서 여성들은 여전히 성 담론 같은 지식권력의 지배를 받는다. 현대사회에서는 가정 생산, 인구 공급뿐만 아니라 여성에게 경제적 주체, 욕망과 소비의 주체, 자기관리와 자기계발을 하여 스스로 자신의 운명을 통제할 수 있는 주체 등의 새로운 역할을 요구한다. 이에 여성의 섹슈얼리티에 대한 지식 및 규범은 끊임없이 만들어지며 여성의 섹슈얼리티에 대한 속박은 강화된다. 여성의 섹슈얼리티에 대한 지식 및 규범은 여성들이 자기의 삶과 행동, 그리고 생각과 의지에서 권력이 의도하는 방향대로 길들여지게 만드는 성 담론에 의해 나타난다. 성 담론은 일종의 젠더 담론이며, 오늘날 생물학적인 성적 구분보다는 사회적으로 구성되는 성별을 다루는 젠더 담론이 매우 다양한 형태로 나타나고 있다.

구체적으로 젠더 담론은 성차별 담론, 여성 혐오 담론, 모성 담론, 동성애 담론 등이 있다(김수아 · 이예슬, 2017; 김미라, 2020). 젠더 담론은 다양한 형태로 사회 내 남녀의 성 역할과 성 불평등, 성 차별에 대해 논의된다. 또한 기존의 가부장제 성 역할을 부추기고 기존의 성 고정 관념과 위계적 남녀 관계를 유지하면서도, 새로운 성 역할이나 젠더 관계를 제시하기도 한다(백선기, 2015). 이러한 젠더 담론은 젠더-섹슈얼리티 이데올로기(Gender–sexual ideology)를 재생산하고 기존의 여성/남성 주체를 생산하고 재생산하는 데 동원되는 성 장치로 볼 수 있다.

참·고·문·헌

김미라(2020). TV 드라마의 장르-사회 간 공진화 연구—동성애 재현과 담론을 중심으로. **한국극예술연구, 69**, 139-177.

권리를 위해 맞서 싸운 여성 노동자들의 이야기, 연극 〈미자〉 https://www.newdaily.co.kr/site/data/html/2022/09/26/2022092600006.html(검색일: 2023.12.31.)

김성철 · 김성숙 · 노혜란 · 박경원 · 박란이 · 박윤희 · 박종란 · 배순화 · 신민선 · 오현주 · 이만복 · 이정임 · 임유진(2023). **여성복지론**. 서울: 양성원.

김수아 · 이예슬(2017). 온라인 커뮤니티와 남성-약자 서사 구축. **한국여성학, 33**(3), 67-107.

김향선 · 주정(2020). **현대여성복지론**. 서울: 양서원.

박지은(2021), 농촌여성의 노동 분화 양상. **농촌사회, 31**(1), 7-91.

백선기(2015). 미디어 담론. 서울: 커뮤니케이션북스.

사진예술잡지(2020). '한국의 가족, 익산', '한국의 가족, 동부이촌동', http://themagazi ne.kr/. 2020년 11월호(검색일: 2023.12.31.)

서정민(2020). 밀레니얼 트렌드 사전 만찢남 · 만찢녀. 중앙일보. 2020.08.13. https://www.joongang.co.kr/article/23847500(검색일: 2023.12.30.)

안진현(2018). 한국 미디어에 나타난 여성 외모담론 - 2000년 이후 뉴스 기사 분석을 중심으로. 서울대학교 대학원 박사학위논문.

여천요(2023). 성형 브이로그 창작자와 이용자의 여성 주체 구성에 관한 현상학적 연구. 중앙대학교 대학원 박사학위논문.

이혜숙 · 강인순(2015). **나는 대한민국 경남여성**. 지앤유 로컬북스 2, 경상대학교 출판부.

정호민(2021). 여성의 루키즘이 감성지능과 자기효능감에 따른 외모관리행동 및 소비성향에 미치는 영향. 성신여자대학교 박사학위논문.

조현준 역(2022). **주디스 버틀러의 젠더 허물기 읽기**, 서울: 세창출판사.

조흥식 · 김혜련 · 신혜섭 · 김혜란(2010). **여성복지학**. 서울: 학지사.

추주희(2023). 집성촌 두 여성 노인의 노동 경험과 돌봄 활동으로 본 젠더 규범의 변화. **한국여성학, 39**(3), 1-35.

통계청(2023). 경제활동인구조사 1993~2023년. https://www.kostat.go.kr/. (검색일: 2023.12.31.)

한국여성연구소(2018). **새 여성학 강의**. 경기: 도서출판 동녘.

Freedman, E. (2007). *No turning back: The history of feminism and the future of women*. Ballantine Books.

Brasier, Kathryn J., Carolyn E. Sachs, Nancy Ellen Kiernan, Amy Trauger and Mary E. Barbercheck.(2014). Capturing the Multiple and Shifting Identities of Farm Women in the Northeastern United States. ***Rural Sociology*, *79***(3), 283-309.

Little, J. and Owain Jones.(2009), "Masculinity, Gender, and Rural Policy", ***Rural Sociology*, *65***(4), 621-639.

Chapter
02

여성과 여성운동

1. 여성문제
2. 여성복지의 필요성 제기
3. 여성해방운동
4. 여성주의 관련 이론

1. 여성문제

여성문제에 대한 정의는 다음과 같다. 모든 여성에 관련된 문제로써 성평등의 관점하에서 제기되며 여성의 능력개발과 사회참여를 통한 여성의 자아실현과 인간다운 삶을 보장해야 한다. 여성문제에 대한 예를 들면, 가족의 문제, 성과 몸에 관련된 문제, 취업과 경제생활 등이다.

"여성은 태어나는 것이 아니라 길러지는 것이다"라는 시몬 드 보부아르(Simone de Beauvoir)[1]의 말처럼 이 사회에서 남성과 여성이 어떻게 길러지고 남성 또는 여성으로서의 역할, 규범, 행위, 가치관 등을 어떻게 강요받고 내면화하는지에 주목한다(한국여성연구소, 2018: 25-26). 즉, 성별은 고정된 것이 아니라 사회문화적 맥락에 따라 구성된다. 이러한 성별 차이는 그에 기반을 둔 성별 불평등을 재생산할 뿐만 아니라 여성 문제를 차별적 존재로 규정되었는지 밝히는 동시에 차별을 사회적으로 어떻게 해결할 것인지에 대한 방안을 모색할 필요가 있다.

일례로 여성문제를 경제(임금근로자의 성별 · 고용형태별 분포, 성별 임금격차), 법률(「남녀고용평등법」)영역으로 나누어 살펴보고자 한다.

1) 경제영역

(1) 임금근로자의 성별 · 고용형태별 분포

임금근로자의 성별·고용형태별 분포를 비교해보면 〈표 2-1〉과 같다. 1995년부터 여성 임금 근로자 상태는 상용고용 여성 2,107천 명, 비정규직에 해당하는 임시고용과 일용고용은 2,817천 명이다. 1998년 경제위기에는 1,650천 명으로 감소하는 추세를 보인다. 이에 비해 남성은 5,392천 명에서 4,885천 명으로 여성에 비해 적은 비율로 감소한다. 2000년에 들어서는 여성의 비정규직(임시고용+일용

1) 프랑스의 작가이자 철학자인 시몬 드 보부아르(Simone de Beauvoir)는 초대받은 여자(L'Invitée)와 레 망다랭(Les Mandarins), 1949년에 여성의 억압에 대한 분석과 여성이 돼 가는 과정에서 작용하는 사회적, 문화적 요인의 역할을 강조함으로써 생물학적 성(sex)과 사회문화적 성(gender)을 구분하는 현대 페미니즘 철학의 초석을 세운 제2의 성(Le Deuxième Sexe)을 출간했다.
출처: 여성신문(2021). 시몬 드 보부아르를 재발견하다, https://www.womennews .co.kr 2021.02.20.(검색: 2024.1.12.)

고용) 근로자는 68.9%인데 비해 남성은 40.8%로 불안정한 조건인 근로형태의 비정규직에서 근로한다는 것을 추정할 수 있다.

| 표 2-1 | 임금근로자 고용형태별 분포 (단위: 천 명, %)

연도	여성				남성			
	계	상용 고용	임시 고용	일용 고용	계	상용 고용	임시 고용	일용 고용
1995	4,924 (100.0)	2,107 (42.8)	2,003 (40.7)	814 (16.5)	7,975 (100.0)	5,392 (67.2)	1,595 (20.0)	987 (12.4)
1998	4,745 (100.0)	1,650 (34.8)	2,257 (47.5)	839 (17.7)	7,551 (100.0)	4,885 (64.7)	1,785 (23.6)	881 (11.7)
2000	5,397 (100.0)	1,679 (31.1)	2,496 (46.3)	1,222 (22.6)	7,963 (100.0)	4,716 (59.2)	2,112 (26.5)	1,135 (14.3)

출처: 통계청. 「경제활동인구조사」. 각 연도

다음 〈표 2-2〉는 성별·종사상지위별 취업자 분포이다. 그 결과를 살펴보면 성별에 따른 차이를 보이고 있다. 2012년과 비교해 보면, 여성 취업자는 상용근로자가 2,501천 명 증가하여 여성 취업자가 차지하는 비중 또한 증가하고 있다. 같은 기간에 일용근로자와 무급가족종사자는 각각 403천 명과 286천 명 감소하여 여성의 근로안정성과 환경이 다소 개선되었다고 볼 수 있다. 2022년 여성 임금근로자는 9,694천 명, 여성 비임금근로자는 2,467천 명으로, 취업자 중 임금근로자 비율은 79.7%로 나타났다. 여성 취업자를 종사상지위별로 보면, 2022년 상용근로자가 6,523천 명으로 여성 취업자의 53.6%를 차지하며, 임시근로자(2,848천 명, 23.4%), 고용원이 없는 자영업자(1,272천 명, 10.5%),무급가족종사자(807천 명, 6.6%), 고용원이 있는 자영업자(387천 명, 3.2%), 일용근로자(323천 명,2.7%) 순으로 많다. 전년 대비 상용근로자(431천 명 증가), 고용원이 없는 자영업자(50천 명 증가), 고용원이 있는 자영업자(45천 명 증가)에서 증가하며, 무급가족종사자(43천 명 감소), 일용근로자(40천 명 감소), 임시근로자(8천 명 감소)에서는 감소하고 있다.

| 표 2-2 | 성별·종사상지위별 취업자

연도		전체	임금근로자				비임금근로자			
			소계	상용	임시	일용	소계	고용원이 있는 자영업자	고용원이 없는 자영업자	무급가족 종사자
여성	2012	10,387	7,687	4,022	2,938	726	2,700	346	1,261	1,093
	2013	10,554	7,883	4,287	2,907	689	2,672	359	1,245	1,068
	2014	10,840	8,173	4,555	2,967	651	2,667	365	1,238	1,064
	2015	11,022	8,420	4,747	3,037	636	2,602	384	1,214	1,004
	2016	11,168	8,622	4,980	3,073	570	2,546	385	1,186	975
	2017	11,356	8,763	5,196	3,003	565	2,594	412	1,225	957
	2018	11,450	8,858	5,425	2,916	517	2,592	424	1,207	961
	2019	11,660	9,085	5,680	2,901	504	2,575	405	1,236	935
	2020	11,523	9,028	5,855	2,730	443	2,495	364	1,247	884
	2021	11,725	9,312	6,092	2,856	363	2,413	342	1,222	850
	2022	12,161	9,694	6,523	2,848	323	2,467	387	1,272	807
	증감 '21년 대비	436	382	431	-8	-40	54	45	50	-43
	증감 '12년 대비	1,774	2,007	2,501	-90	-403	-233	41	11	-286
남성	2012	14,568	10,234	7,227	2,094	913	4,334	1,224	2,938	173
	2013	14,745	10,482	7,560	2,012	911	4,263	1,174	2,924	164
	2014	15,057	10,785	7,765	2,102	919	4,272	1,216	2,901	156
	2015	15,156	10,982	7,969	2,077	936	4,174	1,225	2,799	150
	2016	15,241	11,047	8,082	2,052	914	4,194	1,199	2,844	151
	2017	15,368	11,171	8,232	1,989	950	4,197	1,196	2,849	152
	2018	15,372	11,226	8,347	1,936	943	4,146	1,227	2,780	139
	2019	15,463	11,355	8,536	1,894	925	4,108	1,132	2,833	143
	2020	15,381	11,304	8,667	1,753	884	4,077	1,009	2,911	157
	2021	15,548	11,441	8,795	1,778	868	4,107	965	2,984	157
	2022	15,928	11,808	9,170	1,829	809	4,121	978	2,994	148
	증감 '21년 대비	380	367	375	51	-59	14	13	10	-9
	증감 '12년 대비	1,360	1,574	1,943	-265	-104	-213	-246	56	-25

출처: 통계청, 「경제활동인구조사」. 각 연도.

[그림 2-1]은 성별 취업자 직업분포이다. 2022년 여성 취업자의 직업분포를 보면, 전문가 및 관련 종사자 23.8%(2,90천 명), 사무 종사자 20.6%(2,511천 명), 서비스 종사자 17.4%(2,121천 명) 순으로 높게 나타났다. 전년 대비 여성 취업자 직업은 전문가 및 관련 종사자(164천 명 증가)와 서비스 종사자(101천 명 증가)에서 100천 명 이상 증가했고 판매종사자에서 유일하게 9천 명 감소했다.

한편, 남성 취업자의 직업 비중은 전문가 및 관련 종사자(18.7%)가 가장 높으나, 다음으로 장치, 기계조작 및 조립종사자(16.2%), 사무 종사자(14.7%), 기능원 및 관련 기능종사자(13.2%) 순으로 나타났다. 이는 전문직, 사무직, 서비스직에 집중되어 있는 여성 취업자의 분포와 다소 차이를 보이고 있다.

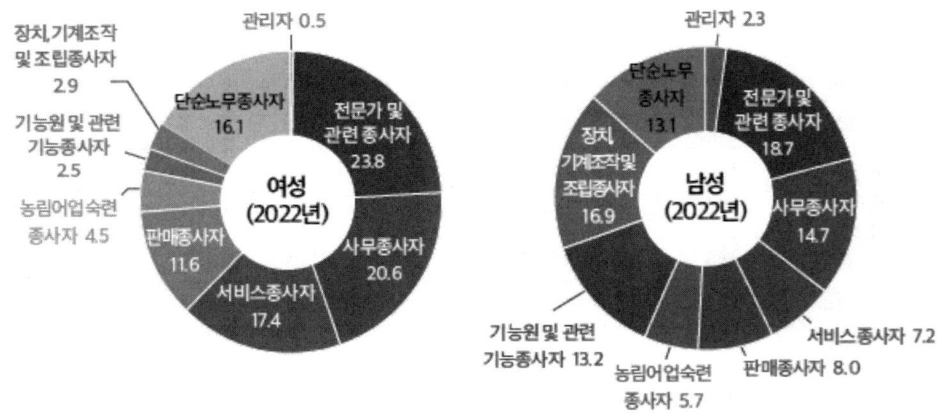

| 그림 2-1 | 성별 취업자 직업분포

출처: 통계청, 「경제활동인구조사」, 각 연도.

2013년과 비교하면, 여성 취업자의 직업은 관리자(17천 명 증가), 전문가 및 관련 종사자(622천 명 증가), 사무 종사자(532천 명 증가), 서비스 종사자(381천 명 증가), 단순노무 종사자(258천 명 증가)에서 증가했고, 이외 판매 종사자(130천 명 감소), 장치, 기계조작 및 조립종사자(39천 명 감소), 농림어업 숙련 종사자(24천 명 감소), 기능 및 관련 기능 종사자(11천 명 감소)에서는 감소했다(〈표 2-3〉 참고).

| 표 2-3 | 직업별 성별 취업자

직업별	여성					남성				
	2013	2021	2022	증감		2013	2021	2022	증감	
				'21년 대비	'13년 대비				'21년 대비	'13년 대비
전체	10,554	11,725	12,161	436	1,607	14,745	15,548	15,928	380	1,183
관리자	47	64	64	0	17	362	329	373	44	11
전문가 및 관련 종사자	2,278	2,736	2,900	164	622	2,690	2,849	2,985	136	295
사무 종사자	1,979	2,427	2,511	84	532	2,292	2,324	2,343	19	51
서비스 종사자	1,740	2,020	2,121	101	381	905	1,053	1,148	95	243
판매 종사자	1,537	1,416	1,407	-9	-130	1,537	1,349	1,274	-75	-263
농림어업 숙련 종사자	574	517	550	33	-24	846	879	913	34	67
기능원 및 관련 기능종사자	311	291	300	9	-11	1,943	2,115	2,103	-12	160
장치기계조작 및 조립종사자	394	336	355	19	-39	2,644	2,642	2,698	56	54
단순노무 종사자	1,696	1,918	1,954	36	258	1,526	2,007	2,092	85	566

출처: 통계청. 경제활동인구조사. 각 연도

(2) 성별 임금격차

2022년 여성 근로자의 시간당 임금은 18,113원, 시간당 임금의 남녀 성비는 70.0%로 나타났다. 2022년 정규직 여성 근로자의 월임금 총액은 3,203천 원으로 비정규직 여성 근로자(1,445천 원)의 약 2.2배 수준이며, 시간당 임금은 정규직 여성 근로자가 19,594원으로 비정규직 여성 근로자(14,588원)보다 약 1.3배 많은 수준이다. 전년 대비 여성 근로자의 월임금 총액은 207천 원, 시간당 임금은 2,311원 상승하였으며, 정규직 여성 근로자의 경우 월평균 임금은 235천 원, 시간당 임금은 2, 617원 상승했다. 2012년과 비교하여 보면, 여성 근로자의 월임금 총액은 868천 원, 시간당 임금은 6,885원 상승하며, 이 중 정규직 여성 근로자의 경우 월평균 임금은 1,054천 원, 시간당 임금은 7,315원 높아진 것으로 볼 수 있다. 비정규직 여성 근로자의 경우, 지난 10년 간 임금 인상이 정규직 여성 근로자에 비해 상대적으로 낮게 나타났다. 2022년 비정규직 여성 근로자의 시간당 임금은

2012년 대비 5,617원 상승한 반면, 정규직 여성 근로자는 1,798원 많은 7,315원으로 산정되었다. 근로자별 성별 · 고용형태별 평균 임금에 대한 현황은 다음 〈표 2-4〉와 같다.

| 표 2-4 | 근로자별 성별·고용형태별 평균 임금

연도	성별	전체 근로자			정규 근로자			비정규 근로자		
		월임금총액(천원)	시간당 임금(원)	임금 성비	월임금총액(천원)	시간당 임금(원)	임금 성비	월임금총액(천원)	시간당 임금(원)	임금 성비
2012	전체	2,527	14,967		2,903	16,403		1,342	10,437	
	여성	1,815	11,228	64.8	2,149	12,279	66.0	1,096	8,971	75.0
	남성	2,974	17,317		3,303	18,594		1,596	11,959	
2017	전체	2,896	17,381		3,363	18,835		1,506	13,053	
	여성	2,112	13,292	65.9	2,535	14,372	66.9	1,187	10,930	71.7
	남성	3,433	20,183		3,855	21,488		1,834	15,240	
2021	전체	3,271	19,806		3,795	21,230		1,681	15,482	
	여성	2,476	15,802	69.8	2,968	16,977	71.0	1,321	13,042	72.8
	남성	3,833	22,632		4,315	23,901		2,039	17,911	
2022	전체	3,526	22,651		4,078	24,409		1,826	17,233	
	여성	2,683	18,113	70.0	3,203	19,594	71.3	1,445	14,588	73.3
	남성	4,127	25,886		4,633	27,466		2,211	19,903	
증감 '21년 대비	전체	255	2,845		283	3,179		145	1,751	
	여성	207	2,311	0.2	235	2,617	0.3	124	1,546	0.5
	남성	294	3,254		318	3,565		172	1,992	
증감 '12년 대비	전체	999	7,684		1,175	8,006		484	6,796	
	여성	868	6,885	5.2	1,054	7,315	5.3	349	5,617	-1.7
	남성	1,153	8,569		1,330	8,872		615	7,944	

주: 1) 매년 6월 기준, 근로자 1인 이상 사업체의 전체근로자 대상(특수형태근로종사자 제외)
2) 월임금총액=정액급여+초과급여+(전년도 특별급여/12)
3) 시간당 임금=월임금총액/총근로시간
총근로시간=소정실근로시간+초과근로시간
임금 성비=(시간당 여성임금/시간당 남성임금)×100

출처: 고용노동부, 「고용형태별근로실태조사」

2) 법률

(1) 남녀고용평등법(법률 제18178호)

남녀고용평등법은 동일노동 동일임금(Equal pay for work of equal value)과 적극적 고용개선제도[2]가 있다.

고용노동부는 근거법 「남녀고용평등과 일·가정 양립 지원에 관한 법률」에 따른 동일가치노동 동일임금 원칙을 규정하여 차별임금을 금지한다(고용노동부, 2023). 동일가치노동 동일임금 원칙은 노동수행에서 요구되는 기준(기술, 노력, 책임, 작업조건, 기타)으로 볼 때 서로 비교되는 남녀 간의 노동이 동일하거나, 거의 같은 성질인 노동 또는 두 업무가 다르더라도 직무평가 등의 방법에 의해 본질적으로 동등한 가치가 인정되는 노동을 말한다. 단, 서로 비교되는 남녀 간의 노동이 동일가치인가를 판단할 때에는 위 4가지 기준 외에 해당 근로자의 학력, 경력, 근속연수 등을 종합적으로 고려하여야 하며 서로 비교되는 남녀의 노동이 모두 하나의 사업장에서 이루어지는 경우에 한정한다(구미영 외, 2022).

여성 고용(경제)문제 측면에서 2022년 6월 공표된 「여성의 경제활동 촉진과 경력단절 예방법」 제9조(여성경제활동백서)에 근거하여 여성의 임금, 직종, 고용형태, 경력단절 여성의 현황 등을 파악하고 있으나, 여전히 구체적인 지침이 미비하다. 따라서, 「남녀고용평등과 일·가정 양립 지원에 관한 법률」은 여성고용 실태 분석, 동등한 가치와 동일임금에 대한 명확한 규정을 제시할 필요가 있다.

---

2) 적극적 고용개선제도란, 적극적 조치를 고용부문에 적용하여 고용상 성차별 요소를 최대한 배제하고 규모별, 산업별 평균 여성 고용률 및 여성관리자 비율을 산정한다. 해당 사업장(각 부분 평균치의 70% 미만)에 대해 간접차별을 개선하고자 '적극적 고용개선조치 시행계획서'를 제출한 다음, 이행실적을 평가한다.

2. 여성복지의 필요성 제기

모든 여성을 대상으로 하는 사회복지, 즉 사회보장을 통한 생활수준의 향상을 의미하는 '광의의 여성복지'와 특수한 여성복지 문제와 욕구를 대상으로 한 사회복지서비스를 주된 방법으로 하는 전문적, 시설 지원 서비스를 포함하는 '협의의 여성복지'로 나눌 수 있다.

여성복지는 복합적인 요인에 의하여 필요성을 초래한다. 인구학적 변화, 가족 형태와 기능 및 가치관의 변화, 경제활동을 하는 여성의 증가와 성차별적 현실, 여전히 존재하는 여성에 대한 차별, 전통적인 가부장적 제도 하에서의 이중적 성윤리, 여성노인 문제 등이 있다.

1) 여성복지의 대상

여성의 문제, 역할, 생애주기를 기준으로 구분할 수 있다. 여성복지의 대상(선정) 기준은 여성의 주요 문제를 중심으로 일반여성과 요보호 여성으로 나눌 수 있다. 이러한 구분은 과거 여성복지정책을 계획할 시기부터 적용한 전통적 구분이다. 요보호 여성이란 사회적으로 특수한 문제를 가지고 있는 여성으로서 개인, 가정, 사회적 환경 요인에 의해 발생하는 문제 해결이 필요한 여성을 의미한다. 비혼모, 성폭력 피해 여성, 저소득 모자가정 등을 포함한다.

2) 여성복지를 생애주기(Life cycle) 기준에서 보는 경우

여성복지를 생애주기를 중심으로 구분한 경우에는 규범적인 생(Life)의 사건(Event), 생애주기상의 이혼, 가족의 사망 등의 위기사건이 발생하는 경우로 나눌 수 있다. 즉, 생애주기를 중심으로 구분하는 경우에는 여성이 출생에서 사망에 이르는 일련의 생애과정을 특성에 따라 단계별로 구분하고 각 단계에서 욕구(Want) 및 사건(Event)을 중심으로 여성복지의 대상을 선정하는 것을 말한다.

일부 연구자들은 '일반 여성','요보호 여성'으로 구분하여 여성복지 대상을 분류하는 경우도 있으나, 정상적이고 문제가 없는 여성을 지칭한다는 편견, 모호하고 포괄적이라는 비판을 받는다(권희경 외, 2015; 한국여성연구소, 2018).

3. 여성해방운동

여성주의는 1873년 프랑스의 사회철학자 샤를 푸리에에 의해 만들어졌다고 알려져 있다. 다만, 여성주의 자체는 1872년부터 프랑스와 네덜란드를 중심으로 시작되었다. 이후 여성 참정권의 인정을 기반으로 여성의 사회적 이미지와 권리를 남성과 동등하게 하는 것을 목표로 삼았다. 여성의 권리 확장과 성차별적인 대우의 타파를 통해 양성평등 및 인간의 실질적 평등을 달성해야 한다고 주장하는 사상으로 발전하였다. 이러한 여성주의는 과거부터 현재까지의 사회구조에 영향력을 행사하는 사상이며, 그러한 측면에서 성공한 사상 중 하나라고 할 수 있다. 1세대 여성주의부터 현재까지를 살펴보고자 한다.

1) 1세대 여성주의: 여성 권리(참정) 운동

19세기에서 20세기 초 1세대 여성주의자들은 참정권을 포함한 여성의 법적권리의 확보에 중점을 두었으며, 여권운동(Women's Rights' Movement)을 본격적으로 시작한 시기이다. 여권운동(여성운동)은 여성이 중심이 되어 조직적으로 성차별을 유발한 조건을 시정하도록 요구하는 것을 의미한다. 이를 실현하였다. 미국의 앤서니(Susan B. Anthony)와 엘리자베스 케이디 스탠턴(Elizabeth Cady Stanton), 영국의 에멀린 팽크허스트(Emmeline Pankhurst) 등과 같은 인문들은 여성의 투표권을 위해 투쟁하였다. 이외에도 '세네카 폴스 선언(1848년)'을 발표했고 미국 시민으로서의 권리를 부여할 것을 주장했다(한국여성연구소, 2019: 25–26).

2) 2세대 여성주의: 가부장적 사회구조의 철폐

제2세대 여성주의는 1960~1980년대 여성주의를 의미하는 것으로, 여성의 법적 권리를 넘어 성적 결정권, 직장 내 차별과 같은 문제에 관심을 두었던 여성주의자를 말한다. 이들은 주로 급진적-자유의지론적 여성주의와 급진적-문화적 여성주의자들로 구분된다(Rosemarie, 2000). 두 입장은 서로 차이를 보이지만, 여성과 남성의 성차이(Sex difference)가 남성중심의 성차별적 사회구조를 만들어 내며, 여성성을 발견하고 새로운 세계관을 발전시킴으로써 변화대상을 확대하였다.

여성해방운동 시기에 베티 프리단(Betty Friedan)의 『여성의 신비』라는 책에 따르면, 여성은 '이름 붙일 수 없는 병'[3])을 앓고 있으며 결혼과 어머니의 역할이 삶의 중요한 부분이기는 하지만 삶의 전부는 아니라고 주장한다. 이후 여성단체 NOW(National Organization of Women)를 결성하면서 성차별 금지를 명시, 평등권 수정조항 통과 등 여성의 사회진출, 가정생활 양립이 당연한 것으로 변화하게 된다(한국여성연구소, 2019: 40-45). 2세대 68혁명으로 불리는 여성해방운동(Women's Liberation Movement) 시대는 사회로 하여금 성적 불평등을 인식하게 하는 데 중요한 역할을 한 것으로 평가된다.

3) 3세대 여성주의: 교차성 등 다양성의 확대

급진주의적 경향을 가졌던 제2세대 여성주의는 점차 퇴조되는 모습을 보였다. 다양한 학문과 이론의 영향을 받아 출현한 제3세대 여성주의는 1990년대 등장하였으며, 젠더와 인종, 계급, 섹슈얼리티 및 기타 정체성의 교차성을 강조하는 특징을 보인다. 이들은 포괄성을 강조하며, 서로 다른 여성들이 서로 다른 형태의 억압에 직면하고 있음을 강조하였다. 킴벌리 크렌쇼(Kimberlé Crenshaw)는 교차성(Intersectionality) 개념을 도입하여 소외된 집단이 경험하는 중복되는 차별시스템을 강조하였다. 킴벌리는 교차성의 개념을 구체적으로 정의하지 않았지만, 단일축

3) 1957년 베티 프리단(Betty Friedan)은 졸업 15주년을 기념하여 동창생 200명에게 설문조사를 실시했다. 그의 책 일부 내용을 보면, 풍요로운 환경에도 불구하고 공허함을 느끼는 이름 붙일 수 없는 병을 앓고 있다고 분석했다. "침대를 정리하면서, 아이들과 땅콩버터 샌드위치를 먹으면서, 그리고 밤에 남편 곁에 누워있으면서 이 조용한 질문 이것이 과연 전부일까?-자신에게조차 던지기 두려워했다"(베티 프리단, 2018)

으로 정의되던 집단을 복합적인 여러 축으로 정의함으로써 주변화된 주체들을 포괄하고자 하는 시도로 볼 수 있다(박종주, 2018).

이와 같이 계몽주의 시대의 이성과 개인 권리에 대한 고취로부터 포스트모던 구조의 해체에 이르기까지, 여성주의는 그 대상을 확대함으로써 그 시대의 주요한 철학적 흐름들과 그 요구사항을 능숙하게 엮어내었다고 평가할 수 있다. 1세대 여성주의자들은 자유주의의 원칙들과 교류하며, 비록 백인 여성에게 한정되었으나, 개인의 자유와 평등에 대한 권리를 주장하였다. 2세대 여성주의자들은 개인이 아니라 여성성을 발견함으로써 새로운 세계관의 존재를 발견함으로써 단일한 세계관에서 벗어나 다양한 세계관을 통해 성별 불평등을 언급함으로써 여성의 권리에 대한 법적이고 도덕적 주장을 구축하기 위한 견고한 기반을 제공하는 데 성공하였다.

1세대부터 3세대까지 여성주의는 다양한 시대의 지배적인 사상의 흐름에 맞춰 도전하거나 여성주의의 옹호를 위해 재목적화함으로써 단순히 여성주의를 발달시키는 것뿐만 아니라 다른 사상이 형성되는 것에도 영향을 끼쳤다고 평가할 수 있다.

4) 한국 여성운동의 역사: 근대부터 현재까지

(1) 조선시대 말기부터 1930년대까지

한국 여성운동을 역사적 흐름에 따라 조선시대 말기부터 1930년대까지를 근대 여성운동 또는 여성 계몽 및 민족해방운동을 전개되었던 시기로 본다. 당시 여성운동은 양반가의 여성들을 중심으로 여성교육, 경제적 자립, 사회활동의 참여를 목표로 활동이 시작되었다. 여성계몽운동은 찬양회(최초의 여성교육단체)를 중심으로 구성되어 있었기 때문에 여성 민중의 요구에 대한 관심은 보이지 않는다.

일제시기에 여성운동을 전개했던 여성운동가들은 민족해방운동적인 성격을 비롯하여 일본 침략, 착취에 대항하며 비밀결사단체 송죽회(1913년), 국채보상운동, 구국애국운동(1919년) 등을 통한 여성운동이 본격화된다. 여성들의 민족해방운동이 조직적으로 전개된 시기는 1920년대로 여성노동자층에 관심을 갖기 시작하면서 여성직업조합 설립, 노동야학설치, 노동자 계급의 파업투쟁(1918년)이 급증

한다(한국여성연구회, 1991: 278-279; 한국여성연구소, 2019: 308-310).

1930년 후반에는 노동자 비중이 크게 높아진 시기로 섬유공업, 고무공업 등에서 여성노동자들의 파업이 발생했고 여성농민운동, 기생조합의 생존권 투쟁 등 생존권, 노동권, 평등권 확립을 목표로 여성운동이 전개되었다(한국여성연구소, 2019: 310).

(2) 해방부터 1960년대까지

해방 이후 1960년대까지는 친일파 청산, 전쟁복구 등의 문제와 봉건제 철폐를 해결하고자 주력했던 시기이다. 이 시기에 여성운동은 박애정신을 바탕으로 상류층 중심의 전쟁 복구, 대중계몽을 전개했고 공창제의 법적 폐지(1948년), 대한부인회(1948년), 여성문제연구회(1952년), 가정법률상담소(1956년) 등이 창립되면서 1953년 가족법 개정 운동에도 지속적인 개입을 하였다. 1960년대 초에는 경제개발계획에 따른 산업화, 공업화 사회로 재편되고 농촌지역의 여성들이 도시지역으로 이주하면서 공장노동자로 전환하게 된다. 이 시기는 군사독재정권이었기 때문에 시대적 특성상 여성운동보다 정부정책을 선전하는 기관단체의 성격이 강화되었다. 즉, 부르주아 여성단체의 활동이 주를 이뤘다. 이들의 활동은 대부분 유신정권을 지지하는 것에서 그쳤다. 인권운동으로서의 성격은 매우 약했다.

(3) 1970년대

1970년대부터 1980년대까지는 독재정권에 저항하는 민주화 운동, 급증한 여성 노동자의 문제를 해결하기 위한 여성 운동이 조직화되었던 시기이다. 1973년에는 62개 여성단체가 '범여성 가족법 개정촉진회'를 구성해 운동을 펼쳤고, 성차별조항을 완화하는 내용으로 가족법이 개정됐다(연세춘추, 2019). 한편, 기독교계에서는 다양한 계층의 여성들을 대상으로 여성 교육운동을 전개했다. 교육을 받은 여성들은 '가족법 개정 운동'과 '미인대회 폐지 운동'을 벌였다. 이때 만들어진 '여성해방노동자기수회'는 민주화 운동과 여성 노동운동의 기반이 되었다. 여성노동자운동이 본격적으로 시작되었으며 동일방직, 남영 나이론, 해태제과 등 제조업, 생산직 여성들의 생존권 투쟁과 민주노조 결성 운동이 종교계, 학생들의 반독재민주화 운동과 결성하면서 공론화되었다. 이 시기 활동했던 여성운동가들은 여성들이 사회에서 느끼는 성적 억압, 차별에 대한 문제를 제기하고 여성운동의 정당성을 주장하는 데 주력했다. '성차별적 사회의 해악성'에서 여성들 자신이 여성운동의 필요성을 절감하는 계기를 마련한 시기로 평가된다(정재훈, 2023). 또한 가사노동의 가치문제, 성폭력, 고용불안정 등이 중요한 사회적 관심사로 부각되었다.

(4) 1980년대

1980년대 여성운동의 목표는 여성해방이었다. '여성평우회'의 설립 이후 '여성의 전화', '민주화운동청년연합의 여성부', '또 하나의 문화', '교회여성운동단체'가 차례로 조직돼 여성운동을 주도했다. 특히 '여성평우회'는 여성을 억압하는 사회기제를 가부장제로 설정하고, 여성운동이 타파해야 할 대상을 명확히 했다. 이들은 '기층여성(서민 대중을 이르는 말인 '기층'과 '여성'의 합성어로, 서민 여성 집단)'에 초점을 맞춰 여성운동의 주체와 대상을 정했다. 그리고 부당노동행위에 대한 저항운동과 불매운동 등을 전개했고, 기층여성 운동 지원을 위한 '여성생존권대책위원회'를 발족했다. 6월 민주항쟁 이후 우후죽순 전국에 생겨난 여성단체들은, 양적 성장과 함께 여성운동의 내용적 분화를 이뤘다. 노동 분야의 '한국여성노동자회', 주부들이 중심이 된 '한국여성민우회'의 설립이 그러한 양상을 보여준다(연세춘추, 2019). 이후 다양한 여성단체들이 곳곳에 자리 잡았고, 여성운동은 지역화와 대중화의 기틀을 세웠다.

(5) 1990년대

1990년대 이후에는 사회주의권 붕괴, 군부독재정권에서 문민정부로의 이행 등 정치구조의 변화, 가족 및 사회구조의 변화 등이 여성운동에 영향을 준 시기라고 할 수 있다. 한국 사회는 여성주의의 재부상에서 이와 같은 움직임이 목격되고 있다. 3세대 이후 여성주의는 명확한 구분이 없으나, SNS를 중심으로 디지털 액티비스트(Digital activist)로서의 주체로 부상하고 있으며(김보명, 2018), 이들은 급진적 여성주의와 혐오를 중심으로 하고 있다(윤지영, 2017). 이들은 주어진 사회구조 속에서 남성의 권력 재조정을 요구하며, 남성과 동등한 권리보다는 여성의 권리에 더 중점을 둔다. 이들이 처음으로 등장한 것은 2000년대 초반으로 보인다. 그 이전까지 한국의 여성주의 운동은 반성폭력운동을 중심으로 본격화되었다. 1983

년 설립된 한국 여성의 전화는 성폭력, 가정폭력, 성매매 등 반성폭력 운동을 공론화시켰으며, 다른 여성단체들에게 영향을 미쳤다. 이후 속칭 '김보은 양 사건'[4]을 계기로 성폭력범죄 처벌 및 피해자 보호 등에 관한 법률을 제정하였으며, 1998년에는 여성특별위원회가 설치되었다.

1980년대에 민중적 여성운동은 여성해방적 여성운동으로 성격이 변화하였고 새로운 여성 운동 영역이 형성됨에 따라 독자적인 사상과 이념체계를 가진 사회운동으로 인정받게 되었다(한국여성연구소, 2019: 314). 1980년대까지 관심받지 못하던 여성의 몸에 대한 권리, 섹슈얼리티(Sexuality) 영역까지 확장하면서 성매매, 성폭력, 성희롱 문제에 대한 개념 정의 또한 변화하였다. 성매매 문제는 한소리회, 의정부 두레방 등이 개입하여 적극적으로 활동을 전개하면서 윤락행위 등 방지법(1961년 제정, 1995년 개정)이 개정되었다. 한국여성단체연합을 중심으로 한, 성매매 방지법 제정 운동을 통해 사회 전반에 성평등 인식을 확대시켰다.

가정법률상담소는 가족법 개정운동을 전개하면서 가족법 개정(1979년, 1991년), 호주제 폐지, 기존의 가부장적 가족과 결부된 잘못된 인식과 용어를 수정하는 운동[미혼(未婚)에서 비혼(非婚), 편모(偏母) 또는 편부(偏父)에서 한부모가족]을 지속적으로 이어갔다.

(6) 2000년대

과거 여성주의는 여성참정권, 재산권, 여성이 의무교육을 받을 권리, 남성과 여성의 동등한 법적 지위의 획득, 아동과 노약자의 보호, 성폭력 예방 등과 같이 여성의 권리는 물론 이 외 소수자의 인권에도 관심을 둠으로써 지속적으로 그 대상을 확대하고 폭넓은 분야에서 차별을 타파함으로써 많은 성과를 이루어냈다.

2000년대에는 여성운동 주체가 다양화되면서 과거 여성운동이 포괄하지 못하는 문제를 제기하거나 비제도적이고 문화적인 게릴라식 운동방식을 선호한다. 여성운동의 주체와 영역이 확대되며 다양한 형태로 전개되고 있다. 특히, 온라인을 기반으로 한 '영페미니스트'들의 여성운동은 조금 다른 형태를 보인다(윤지영,

4) 1992년, 충청북도 충주시에서 의붓아버지 '김영오'에게 지속적인 성폭행을 당하던 20대 여성 '김보은'이 남자친구 '김진관'과 함께 의붓아버지를 살해한 사건(대법원 1992.12.22. 선고 92도2540 판결)이다. 이후 김보은 양은 1993년 대통령 특별사면 대상자로 올라 복권되었다. 1994년 「성폭력범죄 처벌 및 피해자 보호 등에 관한 법률」을 제정하는 계기가 되었다.

2017). 이들은 온라인 커뮤니티를 통해 활동하며 과거 여성운동과는 달리 가시적인 성과를 내지는 못하였지만, 새로운 방식으로 보다 폭넓고 다양한 방식으로 접근했다는 평가를 받는다. 영페미니스트들은 보다 현실적인 청년세대 여성의 문제를 다루기를 요구한다. '메갈리아'를 시작으로 '미러링'의 실천과 그에 대한 '혐오'감정을 시작으로, 강남역 추모시위에서의 충돌, 퀴어 및 트랜스에 대한 혐오 논쟁까지, 2015년 이후 빠르게 진행된 여성주의의 재부상은 수많은 사건과 관련된 혐오를 기반으로 하며(김보명, 2018), 특히 상대적으로 소외돼 있던 여성 장애인, 소수자 여성, 이주여성이 운동의 주체로 등장했다. 여성 장애인들은 그들의 권익 증진을 위해 '한국여성장애인연합'을 설립했다. 이주여성 인권을 위한 모임을 비롯해 '평화를 만드는 여성회', '전쟁을 반대하는 여성연대 WAW' 등이 조직되었다(연세춘추, 2019).

4. 여성주의 관련 이론

1) 여성주의에 대한 이해

여성주의란 여성도 인간으로서 정치, 사회, 문화적으로 본질적으로 동등한 권리를 가져야 한다는 신념이나 주장이다. 페미니즘(Feminism)의 어원은 '여성(Femina)'에서 유래되었으며 프랑스에서 19세기 중반 이후 '여성의 권리를 주창'한다는 의미에서 언론에서 사용되었다. 즉, 남성 중심적인 제도와 문화 그리고 가치관에 대해 성에 따른 불평등의 문제를 과학적으로 입증하려는 입장이라 할 수 있다. 페미니즘의 핵심은 여성의 열등성을 강조하는 관습화나 유형화 그리고 사회화된 상호작용의 양식을 어떻게 하면 반증할 수 있는가에 대한 방안을 모색하고자 하는 것이다.

페미니즘은 여성주의 관점으로 지칭되기도 하며 시대 주류의 이념, 상황에 따라 다양하게 발전되었다. 각 페미니즘들 사이의 중요한 입장 차이는 여성문제를 어떻게 보느냐에 있다. 다시 말해, 여성문제는 특정제도의 문제 또는 사회구조 자체의 문제로 보느냐에 따라 차이가 있다. 자유주의 페미니즘은 여성문제를 특정 제도의 문제로 본다. 사회구조 자체의 문제에서 여성 억압적인 구조를 강조하는 경우에는 급진주의 페미니즘으로 보는 반면 마르크스주의는 경제적 억압구조와 연결하는 입장이다. 마르크스주의가 성별의 문제를 등외시하고 사적 영역에서 이루어지는 활동과 성문제에 대한 분석을 미비하게 한 점을 비판하면서 '이전의 성별 분업 자체가 여성 차별적이다'라는 관점을 제시한 사회주의 페미니즘이 있다. 다음과 같이 페미니즘에 대한 내용을 자유주의, 마르크스주의, 급진주의, 사회주의 순서로 구분하여 제시하였다.

2) 자유주의 페미니즘(Liberal feminism)

자유주의 페미니즘(Liberal feminism)은 서구사회가 봉건제에서 자본제 사회로 이행하는 과정에서 18세기에 생겨난 새로운 이념이다. 자유주의는 인간의 본성이 이성에 있으며 이성적 존재로서 동등하다고 여긴다. 인간을 합리적이고 독립적인 행위자로 인식하는 입장이지만 '인간'에 대한 의미는 남성을 가리키는 것일 뿐 여성은 제외된다(한국여성연구소, 2019: 39-40). 즉, 여성은 감성적인 존재, 이성적으로 우월한 남성의 통제(지배)를 받아야 한다고 믿었다. 자유주의 페미니즘은 성 불평등의 요인을 법과 제도의 기회부족으로 보고 여성 역시 이성적 존재임을 강조하는 것이 자유주의 페미니즘의 특징이다(김동진 역, 2019: 20-27).

그 예로 자유주의 페미니즘을 주장한 운동가들은 여성문제를 공론화하였으며 여성의 지위를 개선하는 데 결정적으로 기여하였다. 그럼에도 불구하고 분리주의 사유체계에 따라 여성을 타인과 경쟁해야 하는 대상, 인간에 의한 자연 억압을 조장했다(한국여성연구소, 2019: 39). 그리고 계급 차별주의를 유지하면서 빈곤으로부터 벗어날 권리, 기본권을 도외시하는 태도를 가지고 있었다.

3) 마르크스주의 페미니즘(Marxism feminism)

19세기 이후 노동계급 여성들이 사회운동에 진출하면서 마르크스주의 페미니즘(Marxist feminism)은 전개되었다. 노동계급 여성들에게 현실적인 문제는 생존권의 확보와 정당한 대우였다. 이들은 여성의 문제를 경제적 억압 구조와 연결하여 성차별주의(Sexism) 관점에서 벗어나 계급차별주의(Classism)라고 간주한다(김동진 역, 2019: 129–131). 마르크스주의 페미니즘은 마르크스의 계급모순이 기본적이라는 전제를 인정하면서 여성 억압은 사적 소유제, 자본주의 체제로 보는 관점이다(한국여성연구소, 2019: 42). 즉, 여성 억압은 계급제도와 동시에 발생하며, 계급적 억압과 마찬가지로 사적 소유제에 바탕을 둔다.

마르크스주의 페미니즘에서는 여성해방을 위한 전제조건을 사적 소유의 폐지, 여성의 생산노동 참여와 가사노동의 사회화를 주장한다. 이것은 공사의 분리, 성별 노동 분업, 가족제도 등을 통해 설명할 수 있다. 그 예로 엥겔스(Engels)는 출산에서의 역할 차이와 같이 생물학적 성별 차이에서 비롯된 성별 분업이 인간사회 최초의 분업이라고 주장하고 있다. 이러한 주장은 경제활동(부양자)을 책임지는 남성은 지배권을 획득하는 반면, 여성은 양육, 가사활동(돌봄)을 하게 되는 분업 구조가 여성 억압의 기원임을 뒷받침한다.

4) 급진주의 페미니즘(Radical feminism)

급진주의 페미니즘(Radical feminism)은 여성의 참정권 운동이 현실 속에서 관철된 이후 여성의 억압이 발생하는 원인은 개인적인 것이 아니라 남성 지배체제인 가부장제에 있다고 주장한다. 여성 집단을 지배하여 이득을 보는 것은 자본이나 사회구조가 아니라 남성 집단이라고 본다. 여성 억압은 모든 억압 가운데 가장 먼저 생겨났으며 여성과 남성의 권력관계, 가부장제 등을 비판하고 있다. 생물학적 차이에 주목하여 여성문제가 여성의 생물학적 특성인 출산, 섹슈얼리티(Sexuality)와 이로 인한 의존에서 일차적으로 파생된다고 보는 입장이다.

인간의 억압 형태 사실에 급진주의 페미니즘이 다 같이 동의하지만 해결하는 방식에 있어서 급진주의 페미니즘은 급진적 자유의지론, 급진적 문화적 페미니즘으로 나누어서 살펴보면 다음과 같다.

(1) 급진적 자유의지론

여성성과 남성성에서 여성을 해방하기 위해 생물학적·사회적 혁명이 필요하다고 주장한다. 자연적인 출산을 인공적인 출산으로 대체하고 편의에 의해서 선택하는 의도적으로 형성하는 가정이 생물학적 혈연적 가족으로 대체하자는 입장이다.

(2) 급진적-문화적 페미니즘

자연적인 출산능력을 포기하지 않아야 한다고 주장한다. 인간의 종족 유지 여부를 결정하는 사람이 여성이기 때문에 생물학적 어머니 역할은 실체 여성의 힘의 궁극적인 원천이라고 보고 만약, 이런 역할이 없어지게 되면 남성들의 여성에 대한 존경과 필요가 감소할 것이라는 입장이다.

5) 사회주의 페미니즘(Socialist feminism)

사회주의 페미니즘(Socialist feminism)은 마르크스주의(Marxist)가 여성 억압을 부차적인 것으로 여기며 성(Sex, 생물학적 성)이라는 분석 범주를 무시한 것에 대한 비판을 제기한다(손희정, 2017). 계급제도 이전의 성별 분업 자체가 이미 여성 차별적인 요소를 전제로 한다는 입장에서 성별분업이 가부장제를 유지하는 여성 억압의 근원으로 작용한다고 주장한다(송다영 외, 2019). 그리고 사회주의 페미니즘은 산업노동력으로서 여성의 노동에 관심을 두는 것과 마찬가지로 가정 내의 여성 노동에도 관심을 기울인다. 가정 내에서 당연히 여성이 맡아야 한다고 생각되는 돌봄노동과 가사노동이 여성해방을 위해서는 남성과 사회가 함께 분담해야 하며, 지불노동의 분리를 철폐하고 남성만이 가족의 생계를 부양할 수 있는 통념을 깨뜨려야 한다는 입장이다.

사회주의 페미니즘에서 여성 억압은 자본주의와 가부장제가 어떻게 결합되었으며 서로 다른 이해관계에 기초를 둔 이중체제론(Dual system theory)과 가부장제와 자본주의를 하나의 체계를 구성한다는 통합체제론(Unified-system theory)을 제시한다(김동진 역, 2019: 151-152).

참·고·문·헌

고용노동부(2023). https://www.moel.go.kr/ (검색일: 2024.1.11.)

고용노동부. 고용형태별근로실태조사. 각 연도.

구미영 · 전기택 · 정다은 · 이혜정(2022). **성별 임금격차 해소를 위한 동일가치노동 동일임금 원칙 판단기준 연구**. 서울: 한국여성정책연구원.

권희경 · 남희은 · 이미란 · 이현정(2015). **여성복지론**. 서울: 정민사.

김동진 역(2019). **페미니즘, 교차하는 관점들**. 서울: 학이시습.

김보명(2018). 페미니즘의 재부상. **경제와 사회**. **118**, 99-138.

손희정(2017). **페미니즘 리부트: 혐오의 시대를 뚫고 나온 목소리들**. 서울: 나무연필.

여성신문(2021). 시몬 드 보부아르를 재발견하다.
https://www.womennews.co.kr 2021.02.20.(검색일: 2024.1.12.)

연세춘추(2019). 한국여성운동사 120년 살펴보기. http://chunchu.yonsei.ac.kr. (검색일: 2024.1.11.)

윤지영(2017). 페미니즘 난국(feminism crisis)의 도발적 변곡점. **한국여성학**, **33(3)**, 141-198.

정재훈(2023). **구술생애사를 통해 본 여성 노동운동**. 경기: 푸른사상사.

통계청. 「**경제활동인구조사**」, 각 연도.

프리단, 베티(2018). The Feminine Mystique, 김현우 역, 여성성의 신화. 서울: 갈라파고스,

한국여성연구소(2018). **새 여성학 강의**. 경기: 동녘.

한국여성연구소(2019). **젠더와 사회**. 경기: 동녘.

한국여성정책연구원 · 한국노동연구원(2023). **2023년 여성경제활동백서**. 서울: 한국여성정책연구원 · 한국노동연구원.

Andrea Dworkin.(2000). *"Take No Prisoners"*. in The Guardian, May 13, 2000.

Davis, Debra Diane.(2000). *Breaking Up [at] Totality: A Rhetoric of Laughter*. Carbondale, IL: Southern Illinois University Press.

Spender, Dale.(1985). *For the Record: The Making and Meaning of Feminist Knowledge*. London: The Women's Press.

Chapter

03

여성과 가족

1. 정상가족 VS 비정상가족
2. 다양한 가족 출현과 변화
3. 법률상 가족의 개념

1. 정상가족 VS 비정상가족

1) '가족'에 대한 오해

가족에 대한 정의 또는 객관적인 이해는 쉽게 단정 지을 수 없다. 다음은 가족에 대한 세 가지 통념을 제시한다. 가족은 생물학적, 자연발생적 집단이며 공동체로서 본성을 가지고 있는 가장 보편적인 가족형태는 핵가족이라는 생각이다(한국여성연구소, 2018). 그러나 가족에 대한 정의는 역사적, 사회적, 환경적 요인에 따라 달라질 수 있다.

첫째, 생물학적, 자연적 기능을 수행하는 제도라는 상식이 있다. 가족은 출산과 양육, 성적 욕구 충족과 같은 기능을 수행하는 제도로써 모든 사회에 공통적이고 보편적인 제도일 것이라는 상식이 있다. 그러나 가족은 다양한 모습으로 존재하기 때문에 가족구성의 변화를 고려해야 한다.

둘째, 가족에 대한 생각은 '정상가족 신화'에 고정관념적인 태도에 영향을 받는다. 이는 핵가족이 보편적인 제도이며 사회의 기본단위로서 가족의 특수한 영역은 여전히 배제되고 있다. 즉, 가족에 대한 고정관념이 여성의 실제 경험이나 상황을 고려하지 않은 상태에서 가부장적 사회질서에서 유교문화적 전통과 다른 사회 영역의 구성원리로까지 확대되었다.

셋째, 가족은 최후의 공동체로서 공사 영역의 이분법에 의하여 가족을 배타적인 사적 영역으로 간주한다. 즉, 가족 내부에서 발생하는 갈등은 비정상적인 것이며 일시적인 현상으로 주변화하는 등으로 공적 개입을 거부하는 논리를 들 수 있다. 이러한 사실은 한국사회에서 가족의 공동체성이 지속적으로 유지되기 위해서는 일부 가족구성원의 희생이 담보되어야 하는 반증으로 볼 수 있다.

2) 가족의 정의

가족은 결혼과 혈연, 입양 등으로 이루어진 사람들의 집합체로 주거와 생활을 함께하며 정서적 친밀감을 갖는 공동체다. 그리고 단순히 주거, 생활공간을 공유하는 가구(Household)와는 구별된다. 즉, 가족은 애정, 혈연관계를 바탕으로 구성되기 때문에 사적 공동체라는 특징을 가지고 있다. 또한 공적 영역과 사적 영역으로서의 의미에서 공적 영역의 이해관계 또는 권력관계가 개입할 수 없는 분리된 영역으로 존재한다.

위와 같이 가족을 혈연, 애정, 거주의 공동체라고 정의할 때 현재 가족 구조는 다르게 정의 내릴 수 있다. 따라서, '가족(The Family)'이 아니라 '가족들(Families)'이 존재하며 사회의 변화와 함께 가족도 변화해 간다. 정리하면 부부와 자녀로 구성되는 핵가족이 바람직하다는 생각은 '정상가족 이데올로기'에 불과하다고 비판할 수 있다.

2. 다양한 가족 출현과 변화

1) 다양한 가족 출현

전형적인 근대적 가족상으로 간주되어 온 핵가족을 벗어난 가족 형태가 빠르게 증가하고 가족에 대한 가치관이 급변하는 극적인 변동의 과정을 경험해오고 있다. 가족이 다변화된 모습으로 재구성되고 있으며 가족 자체의 안정성이나 형태 유지보다 개인의 행복, 개인주의적 가치 등을 강조하는 방향으로 변화되는 가치관의 추이를 추적할 수 있다. 그리고 사회문화적 환경 변화에 따른 가족의 다양화 현상에 주목하여 그 실체를 파악하고, 결혼이나 부부관계, 이혼, 자녀관 등 여러 차원에서 가족주의가 약화되고 있다. 이 변화를 '어떻게' 바라볼 것인가에 대해서는 양분된 입장은 여전히 존재한다. 가족 형태나 가치관 변화를 가족해체의 징후로 해석할 것인지, 단순히 가족의 다양성과 개인의 선택지가 증가하는 과정으로 보아야 할 것인지를 둘러싸고 의견이 분분했다. 이후 이혼, 저출산과 만혼 현상이 가속화되었고 가족이 해체되고 있다는 점을 경고하는 입장과, 선택 가능한 가족 형태가 다양해지고 혈연 중심성이 약화되는 대신 개인의 행복과 자아실현이 강조되기 시작했다는 긍정적인 면을 강조하는 입장 사이에 첨예한 대립구도가 형성되었다.

2000년대부터 신문이나 뉴스 보도, 인터넷을 포함하여, 비교적 새롭게 통용되고 있는 다양한 가족 유형을 정의하는 용어를 제시하였다(표 3-1 참고). 주로 가족의 교육 기능이 강조된 개념, 법적, 제도적으로는 가깝지만 자녀 교육을 위해 분거를 선택한 경우, 그 외에 무자녀 가족, 한부모가족 등을 지칭하는 용어들이 사용되고 있다. 알파맘, 기러기 가족을 지칭한 용어들은 '자녀교육'이라는 공통성을 갖는다. 알파맘은 전형적인 핵가족을 전제로 하는 반면 기러기 가족은 가족의 동거를 포기했다는 점에서 비정형적 가족에 가깝다.

| 표 3-1 | 다양한 가족 유형을 정의하는 용어

(교육에 초점을 둔) 전형적 가족	알파맘	자녀교육과 가정생활에 대한 정보력을 바탕으로 최대의 효율성을 추구하는 스타일
	돼지엄마	정보력과 리더십이 있는 엄마가 여러 명의 엄마를 이끌고 다니는 엄마. 여러 명을 끌고 다니는 모습이 돼지가 새끼 돼지들을 끌고 다니는 모습과 유사하다는 점에서 유래됨. 돼지엄마는 상위 1%의 스펙을 가지고 있으며, 자녀를 명문대에 보내기 위해 투자를 아끼지 않음
	펭귄부부	집안 어른이나 가장보다는 자녀를 중심으로 생활 방식을 정하는 부부
	엄마사정관제	성적이 아닌 잠재력을 보고 신입생을 선발하겠다는 입학사정관제는 '엄마사정관제'라는 신조어를 만들어냄. 엄마의 재력에 따라 자녀의 스펙관리가 좌우된다는 의미
	카페맘·아카데미맘	대치동이나 목동 학원가 커피전문점에서 자녀의 사교육 정보를 교환하는 어머니를 지칭함
	타이거맘, 하키맘, 사커맘	'타이거맘(tiger)'은 스파르타식 교육을 하는 호랑이 엄마, '하키맘(hockey)'과 '사커맘(soccer)'은 아이스하키 경기장 또는 축구장까지 자녀를 따라다니며 뒷바라지하는 엄마를 지칭. 국내에서는 학교 또는 학원까지 아이들을 차로 데려다 주고 데리러 오는 엄마들을 가리킴
	대전(대치동 전세)동 아빠	자녀를 대치동에 있는 초등학교에 보내고 싶어서 대치동에 전세를 얻어 이사하는 아빠

반면 2000년대 이후 이혼가족/재혼가족/한부모 가족 중 한부모가족 관련 용어들이 부각되는 특징을 가지고 있다. 공동체 가족이나 입양가족, 국제결혼가족, 동거 가족 등을 특정한 용어로 새롭게 등장하고 있다(표 3-2 참고).

| 표 3-2 | 다양한 가족 유형을 정의하는 용어

구분	용어	정의
(교육적 목적의) 비동거 가족	기러기 가족	부인과 자녀를 외국으로 유학 보내고 홀로 남은 아버지
	펭귄아빠	항공료가 없어 가족을 만나러 가볼 수조차 없는 아버지
	독수리아빠	가족이 보고 싶을 때 언제든지 갈 수 있는 아버지
	참새아빠	외국으로 보낼 형편이 안돼 강남에 소형 오피스텔을 얻어 아내와 자식만 강남으로 유학 보낸 아버지
무자녀 부부 가족	딩크족	2차 세계대전 이후 미국에서 태어난 베이비붐 세대들이 결혼은 하지만 아이를 낳지 않고 서로 배우자의 자유를 존중하며 자신의 일에서 삶의 보람을 찾으려고 하는 생활양식과 가치관을 추구하면서 이를 대변하는 용어
	딩펫족 (Dinkpet)	딩크족(DINK)과 애완동물을 뜻하는 펫(pet)의 합성어. 즉 아이대신 애완동물을 기르며 사는 맞벌이 부부를 뜻하는 신조어
한부모 가족	싱글맘	2000년대 초반 등장한 신조어로 결혼은 싫지만 아이를 원하거나 이혼 후 자녀를 키우며 혼자 사는 여성을 지칭
	싱글대디	혼자서 아이를 키우는 남자를 통칭하는 용어
비혼 (1인 가구)	골드미스, 골드미스터	한국사회에서 노처녀를 의미하는 말로 오랫동안 사용되어온 '올드미스'에서 파생된 용어로 30대 이상 40대 미만의 미혼여성 중 높은 학력과 경제적 능력을 갖춘 여성. 골드미스터는 명문대 출신에, 고연봉의 전문직종사자로서 훌륭한 매너와 외모를 지닌 남성을 지칭함
	다이아미스터	'골드미스터'에 외모 가꾸기에 대한 투자를 아끼지 않는 '그루밍(grooming)' 족의 특성까지 가진 독신남.
	네오싱글족	결혼 제도에 연연하지 않고 탄탄한 경제력과 디지털 활용능력을 바탕으로 독신문화를 만끽하는 독신주의 세대

출처: 최유정 외(2015). 재구성.

2) 가족을 보는 여성주의 관점

여성주의자들은 가족구성원 모두가 동일한 관심과 가치를 공유하는 것처럼 전제하고 있는 가족에 대한 전통적 시각을 문제 삼는다. 현재 혈연과 애정을 바탕으로 함께 살고 있더라도 젠더와 연령에 따른 권력의 불균형이 가족 내 개인의 지위, 경험을 다르게 한다는 점에 주목할 필요가 있다고 주장한다. 특히, 한국사회의 전통적 가족 규범은 부계 혈연 중심의 수직적 위계를 원리로 하기 때문에 집안의 가장(家長)인 아버지(부계)를 중심으로 하는 지배와 종속의 관계가 여전히 존재하는 것이 사실이다.

그럼에도 불구하고 2000년대 들어 한국사회에서도 '개인'에 대한 인식이 확산되고 있다. [그림 3-1]은 2020년 사회조사 결과이다. 조사 결과에 따르면 '결혼을 해야 한다'고 생각하는 사람 비중은 50%로 집계됐다. 2년 전 조사 때와 비교해 1.2%포인트 줄었다. '결혼을 해도 좋고 하지 않아도 좋다'와 '하지 말아야 한다'고 답한 비중은 각 43.2%, 3.6%로 나타났다. 국민 절반은 '결혼을 하지 않아도 괜찮다'고 생각하는 것이다.'

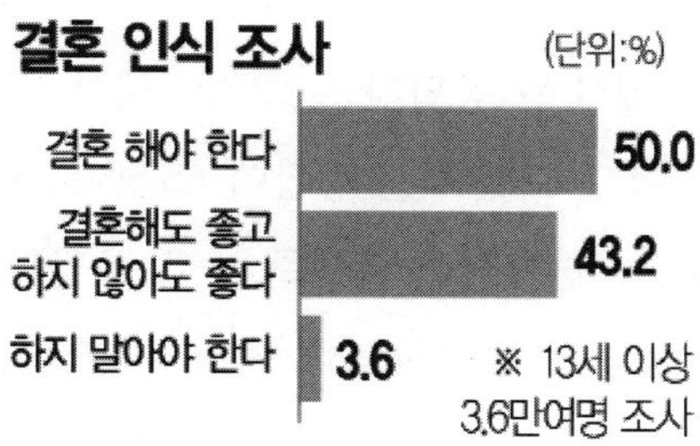

| 그림 3-1 | 2020년 사회조사 결과

출처: 통계청(2020). 사회조사 결과.

3) 결혼과 가족에 대한 인식 변화

(1) 결혼과 가족에 대한 인식

결혼과 가족에 대한 전통적 인식 변화가 뚜렷하게 나타났다. 응답자 절반 이상(56.3%), '결혼을 꼭 해야 하는 것은 아니다' 결혼이 '바람직하고 옳은, 당연히 해야 하는' 것이라는 규범적 태도는 지속적으로 약화되는 추세를 보이고 있다. 한국리서치가 전국 성인남녀 1,000명을 대상으로 조사한 결과, 결혼을 반드시 해야 하는 것은 아니라는 응답 비율이 2016년 28.7%, 2018년 46.0%로 나타났다. 특히, 여성, 40대 이하, 1인 가구와 학생 인구가 많은 수도권 등에서 결혼에 대한 규범적 태도가 약한 것으로 확인되었다. 그리고 전통적 가족(3~4인 핵가족 중심) 유지에 대한 규범적 태도 보유 집단은 32.3%에 불과했다. 이러한 결과는 응답자 10명 중 7명가량은 가족 형태 · 구성 다양화를 자연스럽고 불가피한 현상으로 받아들이고 있음을 의미한다.

결혼 · 가족에 대한 인식 변화에도 불구하고, 여전한 사회적 편견이 존재하고 있다. 전체 응답자의 85.8%는 한국 사회가 다양한 가족에 대해 '편견을 가지고 있다'고 생각하고 있으며 '편견이 매우 많다'는 응답 비율이 31.4%로 높은 것으로 나타났다.

한편, '사회적 편견이 있다'는 응답자(n=1,372)을 대상으로 감소 여부를 질문한 결과, '과거에 비해 편견이 감소했다'는 응답이 65.5%로 비교적 높은 가운데, 30대, 학생, 미혼, 자녀 없음, 경제적 생활수준 낮은 응답자들에서는 '사회적 편견이 감소하지 않았다'는 응답이 상대적으로 높게 나타났다(여성가족부, 2021).

(2) 전통적 가족 감소에 대한 인식

전통적 가족의 수가 감소하는 사회 현상은 '자연스럽고 불가피한 현상(67.8%)', '바람직하지 않은 현상(32.3%)'으로 나타났다. 전체 응답자 중에서 젊은 세대(남성보다 여성이, 연령대가 낮을수록, 학생, 미혼, 1인 가구)를 중심으로 결혼에 대한 규범적 태도와 전통적 가족 감소 현상에 대한 인식이 변화하고 있다는 점을 확인할 수 있다(여성가족부, 2021).

3. 법률상 가족의 개념

1) 헌법

「헌법」은 제36조 제1항에서 "혼인과 가족생활은 개인의 존엄과 양성의 평등을 기초로 성립되고 유지되어야 하며, 국가는 이를 보장한다"고 규정함으로써 혼인과 가족생활이 헌법상 보장되는 것임을 밝히고 있다. 혼인과 가족은 인간생활의 가장 근본적인 사적 영역에 속하는 것이지만, 국가의 존립 근거이면서 가족 구성원의 양육, 교육, 생활보장의 기능 담당하고 있기 때문에 헌법의 보호를 규정한 것이라고 할 수 있다.

국가가 보장하는 가족의 개념에 대해서는 헌법에 별다른 규정이 존재하지 않기 때문에 학설과 판례가 다양하게 제시되어 있다. 이에 따르면, 혈연·혼인·입양 등의 형태로 관계되어 생활을 공유하는 사람들의 집단 또는 그 구성원이라는 견해(성낙인, 2023: 1580), 혼인·혈연 또는 입양에 의하여 결합된 부모와 자녀의 생활공동체라는 견해 등이 제시되고 있다(한수웅, 2019: 1072). 헌법재판소도 가족을 '부모와 미혼자녀로 구성되는 현실의 생활공동체'라고 정의 내리고 있다.

그러나 가족 형태가 다양해지고 가족과 유사한 기능을 하는 다양한 형태의 생활공동체가 증가하는 등 가족 변화가 일어나고 있는 상황에서, 그동안 혼인과 혈연에 의해 성립된 전통적인 가족 개념에 근거하여 만들어진 가족 관련 법제는 새로운 형태의 생활공동체 관계를 법제도에서 소외시키는 역할을 하고 있다고 할 수 있다. 또한 부양, 양육, 보호라는 기능을 하는 생활공동체라는 요소를 함께 살펴보아야 할 것이며 이러한 점에서 다양한 형태의 생활공동체들을 법적으로 수용하는 관점을 통해 살펴보고자 한다.

(1) 가족생활에 관한 기본권

국가가 보장하는 혼인과 가족생활은 일차적으로는 개인의 사생활을 국가의 간섭이나 영향으로부터 보호하는 자유권적 성격을 갖는다. 「헌법」 제36조 제1항이 국가에 대해 혼인과 가족생활에 대한 보장 의무를 지운 것은 소극적으로는 국가

공권력에 의한 혼인과 가족의 침해를 금지하는 것으로 이해해야 하고, 적극적으로는 혼인과 가족을 다른 외부 세력에 의한 침해로부터 보호하고 나아가 적절한 조치를 통하여 지원해야 할 국가의 의무까지 보장하는 것으로 해석될 수 있다.

(2) 가족제도의 보장

혼인과 가족생활의 보장은 제도보장의 성격을 가진다는 점이 학설과 판례를 통해서 인정되어 왔다. 제도보장이란 사유재산제도나 혼인과 가족제도와 같은 사법상의 제도를 헌법적으로 보장하기 위한 것으로서, 입법에 의해서 그 제도의 구체적인 내용이 형성되는 것이다. 따라서, 입법자는 광범위한 형성의 자유권을 가지지만, 혼인과 가족제도의 핵심적 내용을 보장해야 한다는 점, 그리고 개인의 존엄과 양성의 평등이라는 헌법이 명시한 가치지향을 지침으로 삼아 입법해야 한다는 점에서 일정한 구속을 받게 된다.

헌법은 「독일 기본법」(제6조 제1항 27)과는 달리, 혼인과 가족생활에 대하여 특별한 보호를 규정한 것은 아니라는 견해도 있다. 만일 헌법상 혼인과 가족에 대한 특별 보호를 인정하게 될 경우에는 기존의 혼인이나 가족관계에 우월적인 가치를 부여함으로써 자발적으로 생성, 발전되는 새로운 결합관계를 열등하거나 비정상적인 존재로 위치하게 됨으로써 자율성과 다양성을 요소로 하는 문화국가 실현으로부터도 멀어지게 되는 결과를 가져올 수 있다(김하열, 2022: 172–173).

2) 건강가정기본법

「건강가정기본법」은 건강한 가정생활의 영위와 가족의 유지 및 발전을 위한 국민의 권리 · 의무와 국가 및 지방자치단체 등의 책임을 명확히 하고, 현대사회에서 제기되는 다양한 가정문제의 적절한 해결방안을 강구하며, 가족원의 복지증진에 이바지할 수 있는 지원정책을 시행함으로써 건강가정을 구현하고, 나아가 사회통합에 기여하기 위한 목적으로 2005년 제정되었다. 가정과 가족에 대한 지원의 기본원칙을 제시하는 가족 정책의 기본법으로서, 가정과 가족의 개념을 정의하고 있다. '가족'은 혼인, 혈연, 입양을 기초로 한 사회구성의 기본단위로(제3조 제1호) '가정'은 가족구성원이 생계 및 주거를 함께 하는 생활공동체로서 구성원의 일상적인 부양, 양육, 보호, 교육 등이 이루어지는 생활단위를 의미한다(제3조 제2호). 즉, 가정은 가족구성원을 기반으로 인정되는 개념으로서, 혼인, 혈연, 입양을 기초로 형성된 가족구성원이 생계 및 주거를 함께 하는 생활공동체를 의미하는 것으로 해석되기에, 이 법에서의 가족, 가정의 개념도 혼인과 혈연을 중심으로 맺어진 정책적으로 이상적인 가정을 전제로 삼고 있다고 할 수 있다.

그러나 국가인권위원회는 2005년 10월에 '건강가족', '건강하지 않은 가정'의 개념을 전제하면서 다양한 가족의 형태를 인정하지 않다는 문제를 제기하여 개정을 권고하였다(국가인권위원회, 2007: 77-84).

3) 사회보장 법제에서의 가족

우리나라 사회보장 제도는 「헌법」 제34조의 인간다운 생활을 할 권리를 바탕으로 하여 형성되었다고 할 수 있다. 「헌법」 제1항에 따르면 모든 국민은 인간다운 생활을 할 권리를 가지고, 국가는 사회보장과 사회복지의 증진에 노력할 의무가 있다(제2항). 인간다운 생활을 할 권리는 다른 사회적 기본권에 관한 헌법규범들의 이념적 목표를 제시하고 있는 동시에 국민이 인간적 생존을 확보하는데 있어서 필요한 최소한의 재화를 국가에게 요구할 수 있는 권리를 의미한다. 헌법상의 사회보장권은 그에 관한 수급요건, 수급자의 범위, 수급액 등 구체적인 사항이 법률에 규정됨으로써 구체적인 법적 권리로 형성되는 것이다. 이에 따라 국민에게 주어지는 사회보장수급권은 국가에게 적극적으로 급부를 요구할 수 있는 권리를 주된 내용으로 하기 때문에, 그 권리의 구체적인 부여 여부, 그 내용 등은 무엇보다도 국가의 경제적인 수준, 재정능력 등에 따르는 재원확보의 가능성이라는 요인에 의하여 크게 좌우될 수밖에 없다(조성은 외, 2021: 622).

「사회보장기본법」은 제6조에서 사회보장제도를 통해 가정의 유지와 기능향상을 도모해야 하며, 사회보장제도를 시행할 때에는 가정의 자발적인 복지활동을 촉진하도록 하고 있다. 여기에서 가정의 개념이 무엇인지 명확하지는 않으나, 사회보장 제도가 가족의 1차적인 부양 및 자녀양육 기능 등을 전제로 형성되었다는 점을 고려할 때, 가족 또는 가족으로 구성된 생활공동체를 의미하는 것으로 해석된다(조성은 외, 2021: 627).

Kstat

가족다양성에 대한 국민인식조사			
안녕하십니까? 여성가족부에서는 모든 형태의 가족을 포용할 수 있는 사회적 인식 확산 정책을 추진하고 있습니다. 이와 관련해 가족의 다양성에 대한 수용도 파악을 위한 국민 여론조사를 실시하고자 합니다. 모든 질문에는 정답이 없으므로 평소 여러분이 알고 계시는 대로, 느끼시는 대로 기입해 주시면 됩니다. 응답해주신 내용은 통계법 제33조에 의거하여 정책 개발 및 학술 연구의 목적으로만 사용될 것이며, 귀하의 신상에 어떠한 불이익도 따르지 않을 것임을 약속드립니다. 바쁘시더라도 잠시 시간을 내셔서 저희 조사에 참여해주십시오. 감사합니다. 2021년 5월 **통계법 제33조 (비밀의 보호)** 통계작성과정에서 알려진 사항으로서 개인 또는 법인이나 단체의 비밀에 속하는 사항은 보호되어야 한다.			
조사기관	케이스탯	연락처	02-6188-6105

가족제도에 대한 인식 변화

1. 귀하는 '결혼은 꼭 해야 한다'는 주장에 대해 어떻게 생각하십니까?

① 전혀 동의하지 않는다　② 별로 동의하지 않는다
③ 대체로 동의한다　④ 매우 동의한다

2. 귀하는 사람들이 결혼을 하지 않거나 미루는 가장 주된 이유가 무엇이라고 생각하십니까?

① 출산·양육보다 부부간 애정을 중시하는 등 결혼에 대한 인식의 변화
② 저소득, 고용불안 상황 등 경제적 어려움
③ 출산, 육아로 인한 여성의 경력단절 우려
④ 일·가정 양립의 어려움
⑤ 주택가격 등 결혼 비용의 증가
⑥ 가족, 집단보다 개인적 삶과 여유를 중시하는 분위기 확산

3. 귀하는 부모와 자녀(출산과 양육, 부양) 중심의 전통적 가족이 감소하는 현상에 대해 어떻게 생각하십니까?

① 가족의 해체를 야기할 수 있는 바람직하지 않은 현상이다
② 사회변화에 따른 자연스럽고 불가피한 현상이다

4. 전통적 가족 외 〈비혼 1인 가정, 비혼 동거, 비혼 출산 및 양육(미혼모, 미혼부) 등〉 가족에 대해 우리 사회에 어느 정도 편견이 존재한다고 생각하십니까?

① 전혀 없다　② 별로 없는 편이다
③ 약간 있는 편이다　④ 매우 많이 있다

4-1. (문4의 ③,④ 응답자만) 그렇다면, 과거에 비해 〈비혼 1인 가정, 비혼 동거, 비혼 출산 및 양육(미혼모, 미혼부) 등〉 가족에 대한 편견이 감소했다고 생각하십니까?

① 전혀 그렇지 않다　② 별로 그렇지 않다
③ 대체로 그렇다　④ 매우 그렇다

가족 다양성에 대한 태도 및 수용도

5. 귀하는 다음과 같은 '가족 개념'에 대해 어떻게 생각하십니까?

항 목	동의하지 않는다	동의 한다
1) 법적인 혼인, 혈연으로 연결되어야만 가족이라 할 수 있다.	①	②
2) 혼인, 혈연관계가 아니더라도 함께 거주하고 생계를 공유하는 관계이면 가족이 될 수 있다.	①	②
3) 함께 거주하지 않고 생계를 공유하지 않아도 정서적 유대를 가지고 친밀한 관계이면 가족이 될 수 있다.	①	②

6. 귀하는 다음의 가족 형태, 가족 구성 행위를 수용할 수 있다고 생각하십니까?

항 목	전혀 수용할 수 없다	별로 수용할 수 없다	약간 수용할 수 있다	전적으로 수용할 수 있다
1) 이혼이나 재혼하는 것	①	②	③	④
2) 남녀가 결혼하지 않고 동거하는 것	①	②	③	④
3) 혼인신고 하지 않은 남녀가 아이를 낳는 것	①	②	③	④
4) 결혼하지 않은 여성이 아이를 낳는 것	①	②	③	④
5) 결혼하지 않은 남성이 아이를 기르는 것	①	②	③	④
6) 성인이 결혼하지 않고 혼자 사는 것	①	②	③	④
7) 결혼한 부부가 자녀를 가지지 않는 것	①	②	③	④
8) 외국인과 결혼하는 것	①	②	③	④
9) 미성년이 자녀를 낳아 기르는 것	①	②	③	④

7. 만약 귀하 자녀의(혹은 자녀가 있다고 가정할 때) 결혼 상대가 다음과 같은 가정환경, 배경을 지니고 있다면 어떻게 하시겠습니까?

항 목	매우 반대	약간 반대	약간 찬성	매우 찬성
1) 한부모가족의 자녀	①	②	③	④
2) 재혼 가족의 자녀	①	②	③	④
3) 비혼부/모(비혼부나 비혼모)가족의 자녀	①	②	③	④
4) 비혼 동거 가족의 자녀	①	②	③	④
5) 다문화 가족의 자녀	①	②	③	④
6) 입양된 자녀	①	②	③	④

가족 다양성 관련 정책 평가

8. 현재 우리 사회의 법과 제도가, 새롭고 다양한 형태의 가족 구성원들이 차별 받지 않도록 유연하게 대응하고 있다고 생각하십니까?

① 전혀 그렇지 않다　② 별로 그렇지 않다
③ 대체로 그렇다　④ 매우 그렇다

9. 다음은 정부에서 추진하고 있는 가족 다양성 관련 정책들입니다. 귀하는 이러한 정책이 얼마나 필요하다고 보십니까?

항 목	전혀 필요하지 않다	별로 필요하지 않다	약간 필요하다	매우 필요하다
1) 1인 가구에 대한 지원	①	②	③	④
2) 사실혼, 비혼 동거 등 법률혼 이외의 혼인에 대한 차별 폐지	①	②	③	④
3) 아버지, 어머니 혼자 자녀를 키우는 한부모가족에 대한 지원	①	②	③	④
4) 결혼하지 않은 부모가 자녀를 키우는 미혼 부모 가족에 대한 지원	①	②	③	④

10. 다양한 가족 포용을 위한 다음과 같은 제도 개선 내용에 대하여 어느 정도로 동의하십니까?

항 목	매우 반대	약간 반대	약간 찬성	매우 찬성
1) 현행 법령에서 가족은 혼인, 혈연에 기반하여 정의되고 있습니다. 다양한 가족을 포용하기 위하여 가족의 범위를 사실혼과 비혼 동거까지 확장하는 것에 대해 어떻게 생각하십니까?	①	②	③	④
2) 현행 법령에서는 태어난 자녀의 성과 본은 원칙적으로 아버지의 성과 본을 따르도록 하고 있습니다. 자녀의 출생신고 시에 부모가 협의하여 성과 본을 정할 수 있도록 하는 것에 대해 어떻게 생각하십니까?	①	②	③	④
3) 현행 민법에는 "혼인 중의 출생자"와 "혼인 외의 출생자"라는 용어가 있습니다. 부모의 혼인여부에 따라 태어난 아동을 구분 짓는 '혼인 중의 출생자'와 '혼인 외의 출생자' 용어를 삭제하는 것에 대해 어떻게 생각하십니까?	①	②	③	④

건강가정기본법 개정 관련 인식

11. 귀하는 '가족에 대한 교육·상담·돌봄 등 서비스 및 정책 지원에 관한 법'의 명칭으로 다음 중 무엇이 더 바람직하다고 생각하십니까?

① 건강가정기본법 ② 가족정책기본법

12. '건강가정기본법이라는 이름은 건강하지 않은 가정을 떠올리게 해 일부 가정에 대한 차별과 편견을 유발할 수 있다(2005, 국가인권위원회)'라는 지적에 대해 어떻게 생각하십니까?

① 전혀 타당하지 않다 ② 별로 타당하지 않다
③ 대체로 타당하다 ④ 매우 타당하다

참·고·문·헌

국가인권위원회, "건강가정기본법 개정 권고(2005.10.10)", 「국가인권위원회 결정례집 : 인권 정책분야」(2007), 제2집(2005-2006), 77-84.

김하열(2022). 혼인과 비혼 간의 차등에 대한 위헌심사기준: 헌법은 혼인을 '특별보호'하는가. **헌법재판연구**, 9(1), 172-173.

김하열(2023). **헌법학**. 서울: 박영사.

성낙인(2023). **헌법학**. 서울: 법문사.

여성가족부(2021). 가족다양성에 대한 국민 인식조사. https://www.mogef.go.kr/ (검색: 2024.1,10.)

조성은 외(2021). 2021 중장기 사회보장 발전방향 모색을 위한 의제발굴 연구. 보건복지부연구용역 보고서, 서울: 한국보건사회연구원.

최유정, 신아름, 최샛별(2015). 한국의 다양한 가족 형태에 대한 사회적 인식 -대중적 가족 개념에 대한 성별 및 연령별 인식 차이를 중심으로-. **가족과 문화**, 27(2), 180-211.

통계청.(2022). 2022년 사회조사 결과. https://kostat.go.kr/(검색일: 2024.1.10.)

한국여성연구소(2018). **새 여성학 강의**. 경기: 동녘.

한수웅(2019). **헌법학**. 서울: 법문사.

Part Ⅱ

여성복지의 접근방법

Chapter
04

여성과 사회복지 관련법

1. 여성과 관련된 법
2. 여성과 관련된 사회복지서비스
3. 양성평등기본법
4. 한부모가족지원법
5. 양육비이행법
6. 건강가정기본법

1. 여성과 관련된 법

여성복지정책은 협의의 개념으로 정의할 경우 여성 개인이 기본적인 삶을 영위할 수 있도록 출생부터 사망까지 고용보장, 연금을 통한 노후 생활 보장 등이 보편적으로 작동하는 사회보장제도 차원의 접근이 기초되어야 한다. 또한 성별에 따라 불평등한 사회구조 속에서 취약한 상황에 노출된 여성을 위한 서비스 제공과 같은 복지정책이 포함된다. 여성과 관련된 정책, 법률 체계를 구분하여 〈표 4-1〉과 같이 제시하였다.

| 표 4-1 | 여성과 관련된 정책과 법률 체계

<table>
<tr><th>구조</th><th colspan="2">관련 법률</th><th>접근방식</th></tr>
<tr><td>기본방향</td><td colspan="2">– 헌법
– 양성평등기본법</td><td>– 여성복지 정책 기본 이념, 방향 제시
– 성평등 실현
– 인권과 복지 증진</td></tr>
<tr><td rowspan="2">사회보장</td><td>사회보험</td><td>–국민연금법
–고용보험법
–건강보험법
–산업재해보상보험법</td><td rowspan="2">– 여성이 생애 전반에 걸친 사회적 위험에 대비하여 기본적인 생활을 영위할 수 있는 권리를 보장하는 정책
– 차별 없이 평등한 사회보장 권리를 확보하는 정책활동</td></tr>
<tr><td>공공부조</td><td>–국민기초생활보장법
–의료보험법</td></tr>
</table>

출처: 법제처 국가법령센터, https://law.go.kr/(검색일: 2024.1.13.)

2. 여성과 관련된 사회복지서비스

여성과 관련된 사회복지서비스는 권리증진, 인권 보장을 위한 상위법으로 헌법을 기준으로 한다. 헌법에 명시된 여성복지 증진은 1995년 제정되어 여성발전기본법에 명문화되었다. 이후 양성평등기본법(2015년 제정)은 국가와 지방자치단체의 책무 등에 관한 기본적인 사항을 규정하여 정치, 사회, 경제, 문화 등의 영역에서 여성의 권리를 보장하고 있다. 양성평등기본법은 지방자치단체의 역할을 강조하면서 지방자치단체에서도 여성복지를 담당하는 전담부서, 예산 편성에 주력하여 제정되었다.

모자복지법은 1989년 제정되었다. 배우자와 사별, 이혼, 유기된 여성, 비혼여성(사실혼 관계 여성은 제외) 중 18세 미만의 자녀(취학 시 22세)를 양육하고 있으며 경제적 수준 이하의 저소득 한부모가정을 대상으로 한다. 2002년 정책대상이 모자, 부자가족으로 확대되면서 생계급여, 취업훈련, 주거 제공 등을 지원하고 있다. 이후 지원대상에 조손가족을 포함(2007년)하고 비혼모와 청소년 한부모를 대상으로 지원을 강화하면서 한부모가족지원법으로 명칭이 변경되었다.

여성폭력에 관련된 여성인권 문제는 1980년대부터 여성단체에 의해 제기되었다. 그러나 여성단체들의 권리 확보 운동의 결실로 성폭력범죄의 처벌 및 피해자보호 등에 관한 법률(1994년), 가정폭력범죄처벌 등에 관한 특례법 및 가정폭력방지 및 피해자 보호 등에 관한 법률(1998년), 성매매방지 및 피해자보호에 관한 법률(2004년) 등이 제정되었다.

모자보건법은 여성 또는 어머니의 생명, 건강을 보호하고 자녀 출산과 양육을 지원하기 위하여 1973년 제정되었다. 모자보건사업은 1985년 시행되었으나 1960년대 이후 경제개발계획을 추진하면서 인구증가 억제정책을 도입하였다. 모자보건사업은 자녀 출산을 억제하기 위한 가족계획사업의 일환이었다. 2019년 4월 11일 헌법재판소 헌법불합치 판정으로 낙태죄는 사라지게 되었다. 이에 따라 모자보건법은 전면개정을 앞두고 있다.

국민건강보험법은 임신, 출산한 여성에 대한 의료보험급여 혜택을 포함하고 있으나 분만수당제도가 미비하고 분만비용에 대한 본인 부담금이 20% 이상 차지하고 있기 때문에 모성보호와 관련된 사회보장으로서 문제가 지적되고 있다.

여성과 관련된 사회복지서비스를 간략하게 정리하면 아래 〈표 4-2〉와 같다.

| 표 4-2 | 여성과 관련된 정책과 사회복지서비스

구조	관련 법률		접근방식
사회복지 서비스	빈곤	-한부모가족지원법	-여성의 사회적 차별로 인해 발생하는 빈곤, 폭력, 인권 문제 등을 해결하기 위한 사회적 차원의 지원 서비스
	인권	-여성폭력방지기본법-성매매방지 및 피해자보호 등에 관한 법률 -장애인, 노인, 임산부 등의 편의증진보장에 관한 법률	
	모성보호	-모자보건법	

출처: 법제처 국가법령센터, https://law.go.kr/ (검색일: 2024.1.13.)

3. 양성평등기본법

2015년 7월 1일 양성평등기본법의 시행되었다. 모든 영역에서 여성과 남성의 동반 성장을 위한 시책이 강화된다. 국가와 지방자치단체는 정책결정과정·공직·정치·경제활동 등 사회 전 분야에서 여성과 남성의 평등한 참여를 도모하기 위한 시책을 마련하고, 공공기관의 장은 관리직 목표제 등을 시행하여 여성과 남성이 균형 있게 임원에 임명될 수 있도록 노력이 필요하다. 양성평등기본법에 대한 내용은 아래 〈표 4-3〉과 같다.

| 표 4-3 | 양성평등기본법에 대한 내용

제1조 (목적)	「대한민국헌법」의 양성평등 이념을 실현하기 위한 국가와 지방자치단체의 책무 등에 관한 기본적인 사항을 규정함으로써 정치 · 경제 · 사회 · 문화의 모든 영역에서 양성평등을 실현하는 것을 목적으로 한다.
제2조 (기본이념)	개인의 존엄과 인권의 존중을 바탕으로 성차별적 의식과 관행을 없애고, 여성과 남성이 동등한 참여와 대우를 받고 모든 영역에서 평등한 책임과 권리를 공유함으로써 실질적 양성평등 사회를 이루는 것을 기본이념으로 한다. 〈개정 2021. 4. 20.〉
제3조 (정의)	이 법에서 사용하는 용어의 뜻은 다음과 같다. 〈개정 2021.4.20.〉 1. "양성평등"이란 성별에 따른 차별, 편견, 비하 및 폭력 없이 인권을 동등하게 보장받고 모든 영역에 동등하게 참여하고 대우받는 것을 말한다. 2. "성희롱"이란 업무, 고용, 그 밖의 관계에서 국가기관 · 지방자치단체 또는 대통령령으로 정하는 공공단체(이하 "국가기관 등"이라 한다)의 종사자, 사용자 또는 근로자가 다음 각 목의 어느 하나에 해당하는 행위를 하는 경우를 말한다. 가. 지위를 이용하거나 업무 등과 관련하여 성적 언동 또는 성적 요구 등으로 상대방에게 성적 굴욕감이나 혐오감을 느끼게 하는 행위 나. 상대방이 성적 언동 또는 성적 요구에 따르지 아니한다는 이유로 불이익을 주거나 그에 따르는 것을 조건으로 이익 공여의 의사표시를 하는 행위 3. "사용자"란 사업주 또는 사업경영담당자, 그 밖에 사업주를 위하여 근로자에 관한 사항에 대한 업무를 수행하는 자를 말한다.
제4조 (국민의 권리와 의무)	① 모든 국민은 가족과 사회 등 모든 영역에서 양성평등한 대우를 받고 양성평등한 생활을 영위할 권리를 가진다. ② 모든 국민은 양성평등의 중요성을 인식하고 이를 실현하기 위하여 노력하여야 한다.

출처: 법제처 국가법령센터, https://law.go.kr/(검색일: 2024.1.13.)

4. 한부모가족지원법

아동양육비 등 복지급여 지원 확대, 저소득 한부모가족 주거안정 지원 한부모가족복지시설의 유형을 자녀 발달 수준에 따른 기능 중심으로 개편하고, 24세 이하 청소년 미혼모는 소득수준에 관계없이 한부모가족복지시설(출산지원시설) 입소가 가능하도록 관련 규정을 개선하였다. 한부모가족지원법에 관한 내용은 〈표 4-4〉와 같다.

| 표 4-4 | 한부모가족지원법에 관한 내용

구분	관련 내용
제정연도	– 1989년 4월 1일 모자복지법 제정(법률 제4121호) – 2002년 12월 18일 모 · 부자복지법으로 개정(법률 제6801호) – 2007년 10월 17일 한부모가족지원법으로 명칭 변경(법률 제8655호) – 2011년 4월 12일(법률 제10582호) 일부 개정 – 2023년 4월 11일 일부 개정
대상	– 저소득 한부모가정: 소득인정액이 기준 중위소득 60% 이하(복지급여 지급기준은 기준 중위소득 52% 이하)에 부합하는 경우 – 취학 중인 18세 미만 자녀(취학 중인 경우에는 22세 미만, 「병역법」에 따른 병역의무를 이행하고 취학 중인 경우에는 병역의무를 이행한 기간을 가산한 연령 미만의 자)를 양육하는 모자가족 또는 부자가족 – 비혼모 또는 비혼부 (단, 사실혼 관계에 있는 자는 제외)
제정배경	한부모가족이 증가함에 따라 경제적, 정서적 측면에서 사회적 지원 방안 제시 (한부모가족 증가 원인: 이혼율 급증, 경제적 문제 등)
내용	– 실태조사 실시 – 저소득 한부모가정 대상 생계비, 자녀교육비, 의료비, 주거비 등 지원 – 한부모가족복지시설 입 · 퇴소 및 운영 지원 – 한부모가정을 지원(사업, 프로그램, 서비스 등)하기 위해 전국 가족센터 지정 및 운영

출처: 법제처 국가법령센터, https://law.go.kr/(검색일: 2024.1.13.)

5. 양육비이행법

| 표 4-5 | 양육비 이행확보 및 지원에 관한 법률 (여성가족부령 제179호)

구분	관련 내용
제정년도	2022년 7월 26일
대상	비혼 양육부, 비혼 양육모, 이혼 양육부, 이혼 양육모
제정배경	– 이혼 또는 혼인관계가 성립되지 않은 상태에서 출생한 자녀의 양육비에 대한 합의, 양육비 청구, 양육비 부담조서 확보함으로써 부모의 공동책임인 자녀 양육비에 대한 의무를 부과함
내용	– 자녀 양육비에 대한 합의가 없는 경우: 양육비지급에 대한 부담조서를 통해 양육비를 청구함 – 양육비에 대한 합의가 있더라도 변경할 필요가 있는 경우: 변경 청구 – 인지청구: 비양육부 또는 비양육모와 자녀가 법률상 친자관계인 것을 전제로 하므로, 소송으로 인지를 강제하도록 하는 것

출처: 법제처 국가법령정보센터(2023), 한국건강가정진흥원(2023), 양육비이행확보지원 재구성.

6. 건강가정기본법

1) 가정 단위의 통합적인 서비스 제공

가족정책의 주 지원대상은 가족을 통해 부양을 받을 수 없는 취약 계층으로 장애인, 요보호 아동, 요보호 여성 등으로 문제가 발생한 개인을 대상으로 하는 서비스 제공이 큰 비중을 차지하고 있어서 사정을 단위로 한 통합적인 서비스의 제공은 이루어지지 않았다(문혁준 외, 2021).

건강가정기본법에서는 생활공동체인 가정을 단위로, 가정이 원활한 기능을 수행할 수 있도록 지원할 것을 강조한다(법 제21조). 이제는 우리나라도 가정, 가족문제를 파악하는 패러다임을 변환시킬 때가 되었다. 지금까지 복지 서비스의 제공이 개별 복지법을 통해 개인을 대상으로 하거나 요보호 가정을 중심으로 이루어졌다면 앞으로는 생활의 단위인 가정을 중심으로 통합적인 서비스의 제공이 이루어져야 한다.

건강가정기본법은 국가가 제공하는 복지 서비스의 대상을 일반 가정으로 확대시킨 최초의 법이다. 이 법을 통해 우리나라의 복지는 그동안 요보호 대상자에게 제공되던 지원서비스 중심의 잔여적 복지에서 일반 가정을 대상으로 하는 보편적 복지로, 복지의 패러다임을 바꾸게 되었다(조희금 외, 2018:, 31-33).

2) 양성평등의 가족정책에서 통합적인 가정정책 제시

건강가정기본법은 양성평등한 가족관계를 강조할 뿐만 아니라 세대 간의 민주적인 관계를 강조하고 일상생활 및 문화의 중요성을 명시하는 통합적인 가정정책을 제시하고 있다.

즉, 건강가정기본법 제1장 총칙의 제7조(가족가치)에서 가족구성원은 부양・자녀양육・가사노동 등 가정생활의 운영에 함께 참여하여야 하고 서로 존중하며 신뢰하여야 한다고 양성평등의 가치를 기본으로 전제하고 있으며, 나아가 양성평등의 관점뿐만 아니라 세대 간의 민주적인 관계를 강조하고 있다. 법 제15조(건강가정 기본계획의 수립)에서 민주적인 가족관계와 양성평등적인 역할 분담에 대한 기본계획을 세우도록 하고 있으며, 제26조(민주적이로 양성평등한 가족관계의 증진)에서는 더 구체적으로 성 및 세대 간의 민주적이고 양성평등한 관계를 정립하기 위한 내용을 명시하고 있다. 또 본 법에서는 자녀의 임신, 출산 및 양육에 대한 지원(제21조, 제26조)과 영유아나 노인 등 부양 지원을 요하는 가정에 대한 지원(제25조)을 강조하고 있다. 나아가 가족의 주거생활, 경제적 소득보장 및 가족 단위의 복지증진을 비롯해 가족원의 생애주기에 따른 건강증진 대책 마련을(제21조, 제24조) 규정하고 있다.

3) '가정에 의한'에서 '가정을 위한' 지원 강화

과거 개발도상국 단계에서 요보호 가정에 주어지던 의존하던 '가정에 의한' 복지사회가 아니라 '가정을 위한' 복지사회의 단계로 나아가야 한다. 본 법의 건강가정사업은 요보호 가정을 포함한 일반가정에 대한 교육, 상담 등을 통한 사전 예방적 서비스의 제공, 가정의 기능강화 및 잠재력 개발을 통한 가정 중심의 통합적 · 보편적 서비스의 제공을 제시하고 있다.

4) 가정문제에 대한 사전 예방적 정책과 지원 강조

가정문제에 대한 사전 예방적인 정책의 내용을 살펴보면 다음과 같다. 먼저 국가와 지방자치단체에서의 지역 특성을 고려한 주기적인 가족실태조사(제20조)를 들 수 있는데, 이는 지역사회 복지의 중요성이 강조되고 있는 현 시점에서 다른 사회복지 영역과의 연계를 강화하고 복지의 균형발전을 위해 바람직하며 효과가 클 것으로 기대된다. 그와 더불어 법안에서는 건강가정 관련 교육과 연구(제19조)를 상시적으로 시행해 가족문제의 사전 예방과 가족 유지에 도움을 주도록 하고 있다.

그리고 이러한 정책을 지원하기 위해 중앙 단위와 시도 단위에 위원회 설치를 명시해 놓았다(제13조, 제14조). 구체적으로 국무총리 산하에 중앙 건강가정정책위원회를 두어 건강가정 기본계획 수립 및 건강가정정책 평가 등을 실시하도록 하였으며, 각 시도에도 건강가정위원회를 설치하도록 하고 있어 건강가정 구현을 위한 중앙정부와 지방자치단체의 책임을 명확히 하고 있다(제5조, 제7조, 제26조).

참·고·문·헌

법제처 국가법령센터, 양성평등기본법, https://law.go.kr/(검색일: 2024.1.13.)

법제처 국가법령정보센터(2023), 한국건강가정진흥원(2023), 양육비이행확보지원 재구성

Chapter

05

여성과 사회보장제도

1. 국민연금
2. 국민건강보험
3. 고용보험
4. 산재보험
5. 공공부조: 국민기초생활보장제도
6. 공공부조: 기초연금제도

1. 국민연금

1) 국민연금에 대한 개념

우리나라의 소득보장제도는 기본적으로 공적 연금제도, 공공부조인 국민기초생활보장제도로 구성되어 있다. 노후 생활은 퇴직연금, 주택연금제도 등 사적 연금제도를 통해 보장한다. 그 중 국민연금제도는 공무원, 사립학교 교직원, 군인을 제외한 만 18세 이상 60세 미만의 국민을 대상으로 하는 보편적 연금제도로 우리나라 소득보장제도에서 1차적 안전망을 이루는 사회보험제도이다. 2023년 기준 국민연금 급여 지급 대상자는 6,492,089명, 지급액 3조 1,688억 원, 1인당 월지급액 평균 564,344원이다.

그러나 국민연금제도는 경제활동을 하지 못하는 상황을 대비하여 가입자의 기여금, 사용주의 부담금을 주된 재원으로 연금급여를 실시하여 장기적 소득을 보장한다. 단, 우리나라의 국민연금제도는 기여금에 의존하는 소득비례방식이기 때문에 경제활동을 하지 않는 여성의 경우 당연적용 대상에서 제외된다. 그리고 상시근무 여부에 따라 선별적으로 적용되기 때문에 비정규직이나 비공식 부문에 종사하는 경우 국민연금제도에 지원 대상자에서 제외된다.

만약, 경제활동에 참여하여 연금 수급권이 있는 여성이더라도 고용기간이 짧거나 연금수급 기여기간인 10년 이내에 경제활동을 중단하는 경우가 많기 때문에 연금급여 자격을 갖추기 어렵다. 다시 말해, 여성은 시간제 노동, 파견직 등과 같은 비정규직 비율이 높고 임금이 낮기 때문에 임금을 기준으로 산정되는 연금액수 또한 낮을 수밖에 없다.

2) 국민연금제도의 문제

국민연금제도 자체가 가지고 있는 성차별적 조항을 정리하여 다음과 같이 제시한다.

(1) 부양가족연금

부양가족연금은 연금급여를 지급할 때 기본연금액에 추가되는 가족수당 성격의 급여로 배우자, 18세 미만 자녀, 60세 이상 또는 장애 2급 이상의 부모를 대상으로 소득 수준, 가입 기간에 관계없이 일정금액이 지급된다. 하지만 부양가족연금액수는 여성의 가사노동, 양육 노동의 가치를 인정하기에는 적은 금액으로 만약, 이혼할 경우 전액 소멸된다는 문제를 가지고 있다.

(2) 유족연금

유족연금은 수급자인 배우자가 여성인 경우 전업주부일 경우 가능하며 이혼이나 재혼을 할 경우 전액 소멸된다. 이는 유족연금이 여성의 가사노동 및 재산형성 가치를 인정하는 입장보다는 법적 혼인관계를 유지하는 기준에 의해서만 피부양자로 수급자격을 인정하고 있다. 그럼에도 불구하고 분할연금이 재혼 시에도 수급권이 소멸되지 않는다는 점에서 모순된 조항이라는 지적을 받고 있다.

| 그림 5-1 | 성별, 연령대별 유족연금 지급 현황

출처: https://www.nps.or.kr/ (검색일: 2024.1.9.)

(3) 중복급여 조정

동일 수급자가 국민연금 내에서 2가지 급여를 수급할 경우 1가지는 30%만 지급 가능하도록 조정하는 제도이다. 만약, 노령연금 수급액이 낮은 여성은 자신의 연금과 남편의 유족연금 중 1가지를 선택할 때 많은 경우 액수가 상대적으로 많은 유족연금을 선택하게 되고 그 결과 자신의 노령연금은 30%밖에 받지 못한다는 문제를 가지고 있다. 즉, 경제활동을 지속적으로 했던 여성이 포함된 맞벌이 가정은 남성 1인 소득자 가정보다 연금급여상 손해를 보는 결과가 발생한다.

(4) 분할연금

혼인기간이 5년 이상 되는 자가 이혼을 하게 될 경우, 가입자인 배우자의 혼인기간에 해당하는 연금액을 분할하여 배우자에게 지급하는 연금급여로, 이혼한 배우자가 60세가 된 이후에 노령연금 수급권자의 가입기간 중 혼인기간 동안 정신적, 물질적 기여 부분에 대하여 일정액을 보장한다는 데 의의가 있다. 하지만 독자적 연금권이 아니라 남편의 피부양대상인 기간에 한정하여 남편의 연금액에 따라 수급 인정 여부가 결정되는 단점을 가지고 있다. 또한 분할연금 청구시한이 3년으로 한정되어 있기 때문에 독자적 수급권과 차이가 있다. 만약, 배우자가 조기 사망하거나 수급기간 요건을 충족시키지 못할 경우에는 분할연금은 지급되지 않는다.

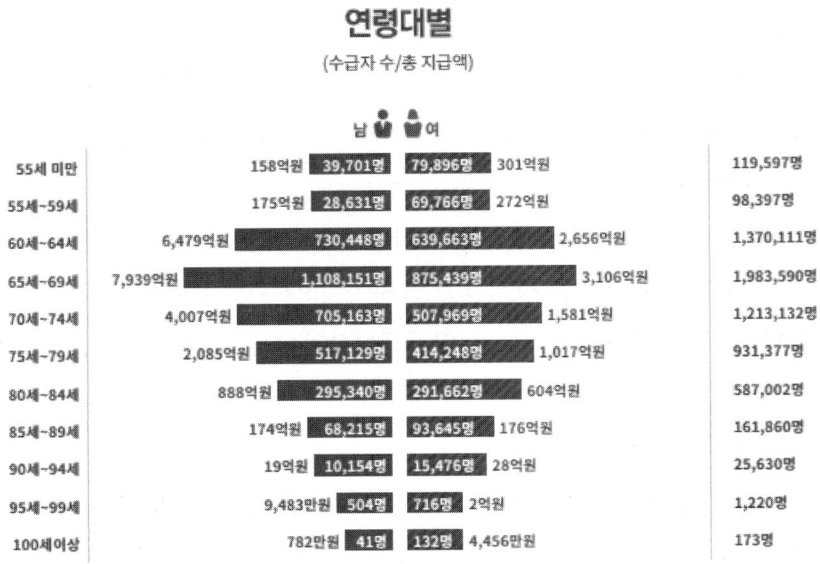

| 그림 5-2 | 국민연금공단 성별, 연령대별 국민연금 지급 현황

출처: https://www.nps.or.kr/ (검색일: 2024.1.11.)

2. 국민건강보험

이 법은 국민의 질병·부상에 대한 예방·진단·치료·재활과 출산·사망 및 건강증진에 대하여 보험급여를 실시함으로써 국민보건 향상과 사회보장 증진에 이바지함을 목적으로 한다. 1977년 강제적용의 의료보험제도가 시작된 이후 전국민 의료보험은 1989년부터 실행되었다. 통합주의 방식의 의료보험이 출범함으로써 1998년에는 국민건강공단이라는 단일 보험자에 의해 보험을 적용받을 수 있게 되었다.

현행 건강보험제도는 '직장가입'과 '지역가입'으로 이원화된 보험료 부과체계를 가지고 있기 때문에 취업자임에도 불구하고 직장 피부양자나 지역가입자 세대원으로 분류되는 여성이 있다, 이러한 이유에는 여성 근로자는 임금 수준이 낮고 고용지위가 불안정한 대상으로 보기 때문에 직장가입자로서 보험료를 부담하기

보다는 피부양자로 남아 있기 때문이다. 즉, 보험료 부담을 낮추고 영세사업장에 근무하는 저임금 여성 근로자의 사회보험 가입 회피를 촉진하게 된다는 지적을 받는다.

한편, 국민건강보험상 피부양자의 범위에서 사실혼관계는 인정받을 수 없다. 이는 법적으로 인정되는 혼인관계에서만 가족으로 인정하는 차별적 견해를 반영한다. 하지만 산재보험법, 국민연금법은 사실혼관계를 피부양자 범위로 인정하고 있기 때문에 국민건강보험의 이러한 조항은 다른 법과도 모순된다고 할 수 있다.

3. 고용보험

여성의 고용보험 가입은 증가추세에 있으나 고용보험을 적용받지 못하는 여성 취업자들은 상당수를 차지한다. 그 이유에는 실업급여의 적용제외자로 지정된 특정 산업 중 가사서비스업과 단시간 근로자 중 여성 비율이 높기 때문이다. 또한 실업급여제도의 혜택에서 배지된 여성들은 경제적 상황과 불안정한 일자리를 감안할 때, 실업이 발생할 경우 소득 단절로 빈곤 위험이 높아진다. 고용보험 실업급여를 받기 위해서는 실직 전 18개월 중 고용보험 가입사업장에서 180일 이상 근무해야 하는 조건이 있다. 그리고 회사의 경영사정 이외에 비자발적인 사유로 실직해야 하며 근로 능력과 의사가 있고 구직활동을 하고 있으나 취업하지 못한 상태일 경우 실업급여는 지급된다. 실업급여는 이직 전 평균임금의 50%, 최저임금일액의 90%가 하한이다.

〈표 5-1〉은 성별 고용보험 가입 현황이다. 2022년 여성 고용보험 가입자는 6,580천 명으로 전년 대비 188천 명(44.2%) 증가하였다. 2022년 여성 고용보험 가입자는 2012년 대비 2,212천 명 증가하였으며, 여성 비율 또한 5.0%p 상승하였다.

| 표 5-1 | 성별 고용보험 가입자 현황

연도		전체	여성	남성	여성 비율
2012		11,152,354	4,367,654	6,784,700	39.2
2013		11,571,213	4,599,514	6,971,699	39.7
2014		11,930,602	4,815,795	7,114,807	40.4
2015		12,363,063	5,064,769	7,298,294	41.0
2016		12,655,202	5,244,088	7,411,114	41.4
2017		12,958,825	5,431,205	7,527,620	41.9
2018		13,432,497	5,717,676	7,714,821	42.6
2019		13,864,138	5,989,964	7,874,174	43.2
2020		14,111,690	6,149,543	7,962,147	43.6
2021		14,550,033	6,392,404	8,157,629	43.9
2022		14,898,502	6,580,091	8,318,411	44.2
증감	'21년 대비	348,469	187,687	160,782	0.3
	'12년 대비	3,746,148	2,212,437	1,533,711	5.0

출처: 고용노동부 · 한국고용정보원, 「고용보험통계연보」 각 연도.
여성비율은 여성고용보험가입자(상용근로자+자영업자)/전체고용보험가입자(상용근로자+자영업자)×100

4. 산재보험

산재보험은 업무상 재해, 질병에 대해 치료 및 보상급여를 제공하는 사회보험이다. 산재보험에 있어서 성불평등 문제는 여성이 원천적으로 배제되는 문제와 산재보험 적용에 있어 급여상의 문제로 나누어 볼 수 있다.

여성이 산재보험에서 배제되는 경우는 산재보험의 당연적용 제외 사업체에 많은 여성이 취업하고 있기 때문에 발생한다. 산재보험 당연적용에서 제외되는 사업은 가구 내 고용활동, 가사서비스업, 농림 또는 어업 종사자 중 상시근로자 수가 5인 미만인 사업체, 상시 근로자 수가 1인 미만인 사업 등이다. 산재보험 미가입률이 높은 업종은 도소매 및 음식, 숙박업, 농림, 어업 등이다.

한편, 산재보험 가입에서 제외되었던 특수고용직 근로자(학습지 교사, 보험 설계사,

레미콘 운송종사자) 등은 2008년 이후 특례제도를 통해 산재보험이 가능해졌다. 택배기사와 퀵서비스업 종사자(2012년), 대리운전기사, 대출모집인, 신용카드 모집인(2016년)까지 산재보험 가입이 가능한 직종으로 모두 9개 직종이 포함되었다.

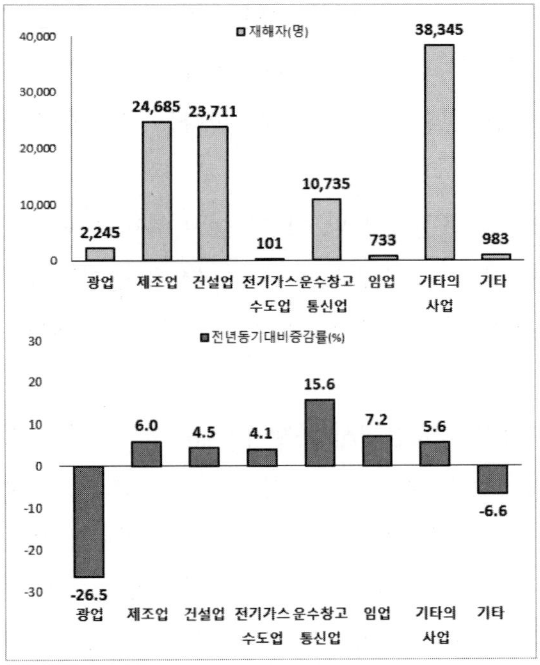

|그림 5-3| 업종별 재해자 현황

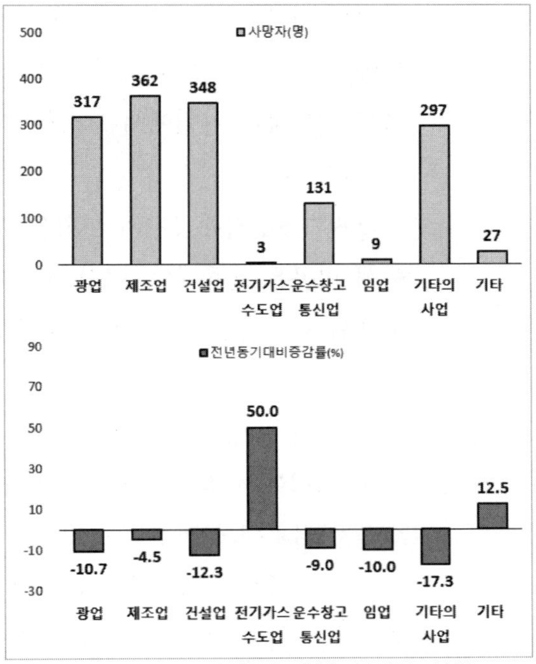

|그림 5-4| 업종별 재해 사망자 현황

> "진짜, 회사에서 너무 눈치가 보여요. 그런 휴가(유 · 사산 휴가)를 쓰고 싶어도 자꾸 눈치가 보여가지고…" (서비스직 여성 노동자)

한국여성정책연구원(2023)의 '건강하고 안전한 노동환경 보장 연구: 유산 · 사산을 중심으로' 보고서에 따르면 여성 노동자 80.8%가 유 · 사산 당시 "임신으로 몸이 아팠거나 컨디션이 좋지 않았음에도 불구하고 참고 일한 적이 있다"고 응답한 것으로 나타났다. 2015년부터 지난해 7월 사이 유산 · 사산을 경험한 여성 노동자 859명(유산 94%)을 대상으로 설문조사를 진행한 결과 여성 노동자 중에 근로기준법에서 보장하는 유산 · 사산 휴가를 사용하지 못하고 개인 연차를 사용한 경우도 상당수 있었는데, 회사 쪽에서 연차 사용을 권유한 경우가 있었다고 보고한다.

5. 공공부조: 국민기초생활보장제도

공공부조는 빈곤층을 대상으로 최저 생활을 유지할 수 있도록 국가가 지원하는 제도이다. 우리나라 공공부조제도의 핵심은 국민기초생활보장제도이다, 2000년에 도입되었으며 국가의 보호를 필요로 하는 최저생계비 이하 저소득층의 기초생활을 국가 차원에서 보장하며 자립, 자활 서비스를 제공한다는 특징을 가지고 있다.

국민기초생활수급자의 현황은 여성의 빈곤율이 남성보다 높고 특히 노년기에 여성 빈곤은 집중된다. 여성 빈곤이 노년기에 집중되는 것은 여성은 원천적으로 배제되거나 낮은 보장 수준, 소득보장의 안전망에 편입되지 못한 결과로 본다(표 5-2 참고).

특히, 국민기초생활보장제도의 수급자격 요건에서 문제가 되는 부양의무자 기준은 여성에게 불리하게 작용하므로 제도 개선이 시급하다. 국민기초생활보장 수급자 현황에서 성별 수급탈락 사유를 보면, 여성가구의 경우 부양의무자 소득 초과로 탈락한 비율이 높지만 남성은 소득 초과비율과 수급자 자신의 소득액 기준이 비슷하게 나타난다. 이는 국민기초생활보장제도의 부양의무자 소득 기준이 여성가구주에게 불리하게 작용하여 여성의 수급을 제한하는 양상을 보인다.

| 표 5-2 | 성별, 연령별 기초생활수급자 현황 (단위: 천 명)

구분	10대 미만	10대	20대	30대	40대	50대	60대	70대	80대
남성	51,759	139.734	60.429	44.526	96,729	193.082	1,239,221	140,672	73,214
여성	49,248	135,793	71,780	59,249	129,818	165,560	219,215	225,728	212,295

출처: 통계청(2022). 기초생활수급자 현황(검색일: 2024.1.11.)

6. 공공부조: 기초연금제도

기초연금제도는 국민연금제도의 미비로 인한 노인 빈곤문제를 보완하기 위한 보충적 소득보장제도이다. 2008년 1월 기초노령연금제도라는 명칭이 도입되었고 2014년 7월부터 기초연금제도로 변경, 실행되고 있다. 주요 대상자는 65세 이상 노인 중 소득 하위 70% 소득 기준에 따라 1인당 최고 30만 원까지 지급 가능하다. 기초연금은 가구단위 자산조사를 통하여 전체 노인 중 70% 이하 소득 계층을 선별하기 때문에 소득 수준이 남성보다 낮은 여성노인의 수급비율이 높게 나타난다.

☑ **참고**

사회보험정의 체계도

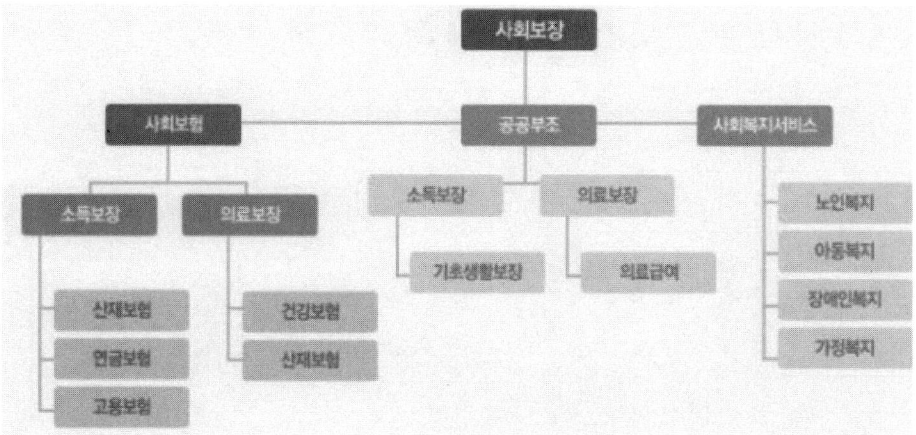

참·고·문·헌

고용노동부 · 한국고용정보원, 『고용보험통계연보』 각 연도.

김동식, 김영택, 정연주, 동제연, 김새롬(2023). '건강하고 안전한 노동환경 보장 연구: 유산 · 사산을 중심으로, 2023 연구보고서-5, 서울: 한국여성정책연구원.

통계청(2022). (검색일: 2024.1.11.)

통계청(2022). 기초생활수급자 현황(검색일: 2024.1.11.)

Chapter 06

여성복지정책과 사회복지서비스

1. 여성복지정책의 개념과 범주
2. 한국여성복지정책의 전개와 발전
3. 여성과 사회복지서비스
4. 사회복지전달체계의 분류 및 형태

1. 여성복지정책의 개념과 범주

한국의 여성복지정책은 해방 이후 제6공화국에 이르기까지 사용되어 온 '부녀복지'라는 용어에서도 알 수 있듯이 소득적인 차원에서 시작되었다. 부녀복지는 지난 50년 동안 여성의 모성 및 부인으로서의 기능, 역할에 초점을 맞춘 행정체계를 중심으로 사용해왔다. 그 대상은 비혼모, 저소득층 한부모여성, 가출여성, 성매매 여성 등이 있다. '부녀'라는 용어는 여성을 하나의 독립적인 존재로 보는 것이 아니라 부인, 어머니, 며느리, 딸로서 인식하는 동시에 결혼관계를 유지하거나 앞으로 가능성이 있는 여성만을 정상적으로 여긴다. 또한 일반여성을 권리를 가진 주체로 보는 여성복지라는 용어를 사용하기까지 많은 시간이 걸렸다.

1998년에 공식적으로 부녀복지사업을 여성복지서비스로 명칭을 변경하면서 양성평등을 이루어나가는 과정이 본격적으로 시작되었다. 구체적으로 살펴보면 여성복지정책은 여성을 요보호여성, 일반여성으로 나누지 않고 삶의 개선을 위해 조직적, 실천적 노력을 기울여야 한다고 제시한다. 다음 〈표 6-1〉은 페미니즘 시각에서 본 여성복지(정책)를 정리한 내용이다.

| 표 6-1 | 페미니즘 시각에서 본 여성복지

학자	연도	주장
Hartsook	2004	– 페미니즘은 분석의 틀 – 여성복지의 패러다임을 이해하고 분석하는 데 유용한 근거
Gould	1987	– 환경 속의 개인을 생애모델과 갈등 모델로 나누어서 제시함 • 생애모델: 삶의 적응에 초점을 맞추는 것으로 여성을 설명하는 데 실패함 • 갈등모델: 성차별주의 사회에서 적응과 적응의 실패는 실천적 의미가 없음

출처: 한국여성연구소(2019). 젠더와 사회. 재구성

2. 한국여성복지정책의 전개와 발전

한국여성복지의 역사적 발달과정을 살펴보면, 조선시대까지 여성을 위한 특별한 제도는 존재한 적은 없다. 하지만 요보호대상자에 여성이 포함되어 있었다. 원시부터 고려시대, 조선,19세기 말, 일제 강점기까지를 살펴보고자 한다.

1) 원시부터 고려시대

인류의 발생 초기부터 남성, 여성으로 불평등한 관계를 유지한 것은 아니다. 그 당시에는 자연 속에서 먹을 것을 구하고 종족을 보존하는 일이 최우선이었기 때문에 남녀 불평등의 문제는 별다른 의미가 없었다. 그러나 성별차이, 즉 생물학적인 차이 때문에 식량을 구하는데 성별 분업이 있었다. 이후 상호보완하는 정도에서 성별분업이 일어났을 뿐, 사회적인 차별성이 있었던 것은 나이였다. 이러한 경향은 신석기까지 유지된다.

신석기 시대의 특징으로 간석기, 토기, 농경을 들 수 있는데 이러한 신석기 문화 창출에서 여성의 역할은 상당 부분 지대했다. 특히, 농경은 식량 채집단계에서 식량 생산 단계로 전환하는 질적인 변화를 일으켰기 때문에 인류 최초의 혁명, 식석기 혁명이라고 불리던 시기이다.

2) 고려 친족제도의 다양성

고려 친족제도의 예시 사례로 왕건을 들 수 있다. 왕건은 호주세력에 대한 회유 또는 연합책으로 부인을 29명과 부부관계를 이어간다. 이러한 관계 유지는 처가의 역할을 무시할 수 없다는 사실을 방증한다. 고려에서도 혼인은 집안이 공조관계를 이룬다는 의미가 강했고 모계와 부계가 함께 영향력을 미치는 친족 구조가 유지된다.

또한 처가살이가 혼인의 일반적인 형태였기 때문에 혼례를 치르고 계속 처가에서 거주하다가 시집으로 돌아가기도 하고 처가에 있다가 벼슬 때문에 분가를 결정하기도 한다. 시집이나 제3의 장소에 거주하다가 나중에 처가가 있는 지역으로 이주하여 장인 또는 장모를 부양하기도 했다. 이러한 혼인제도 또는 친족제도를 가지고 있었기 때문에 고려에서는 남녀 균등상속이 이루어졌다.

3) 조선: 성리학적 질서와 여성의 삶

(1) 성리학과 부계적인 가족제도

조선에서는 부계적인 가족질서가 유지된 이유를 성리학에서 찾는다. 유교에서는 만물의 생성이 하늘의 원리, 땅의 원리 즉 여성의 원리와 남성적 원리가 관계를 맺으면서 이루어진다고 하였다.

조선은 성리학을 수입한 후 도덕성의 함양과 실천을 요구했고 그 실행방법으로서 종법을 강조하였다. 그리고 부계중심의 가족제도를 이상으로 삼고 실행한다. 이는 조선이 부계만의 가족제도로 사회를 유지해 나갈 수 있는 여건을 갖추었다는 것을 의미한다. 고려까지 이어지던 부계와 모계가 함께 중시되는 가족제도의 전통은 근본적인 변화를 겪게 된다.

(2) 조선의 가족제도 변화

부계 위주 가족제도는 여성과 관련한 제도에 많은 변화를 요구한다. 우선 혼인제도를 보면 조선 초기까지 처가(妻家)살이가 일반적이었는데 이것이 논란거리가 되었다. '주자가례'의 이상적인 혼인례인 친영(남자가 여자 집에 가서 여자를 데려와 혼례를 치르고 곧바로 남자 집에서 생활하는 것)에 맞지 않으므로 고쳐야 한다는 것이다. 혼인은 다른 관습보다 변화가 더딘 것이어서 17세기 이전까지 남자가 장가를 가서 여자 집이나 그 근처에 거처를 두는 것이 보편적이었다.

제사나 재산상속은 다른 가제나 예제도 마찬가지였다. 외조부에 대한 상복이 '경국대전'까지 친조부에 대한 상복과 같이 1년복이었고 족보를 작성할 때 친손과 외손을 넣고 아들, 딸 구별 없이 출생 순으로 기록했던 상황으로 유추해보면 부계와 모계가 함께 중시되었음을 보여준다.

(3) 여성들의 반응

17세기 이후 여성들의 생활은 많이 달라진다. 부계 중심의 가족제도에서 적응하는데 어려움이 동반되었고 시간이 갈수록 갈등이 고조되었다.

그러나 조선에서 절대성을 갖게 된 부계 가족제도는 거부할 수 없었다. 제도권으로부터 일탈하면 삶 자체를 영위할 수 없으므로 자신 앞에 놓인 여건에 맞추어서 인정하고 있었다. 또한 부계적인 가족제도 내에서 각 가문의 며느리, 어머니로서의 위치는 확보해 나갈 수 있었다.

(4) 19세기 말

19세기 말 열강들의 각축 속에서 조선사회는 문명과 개화로 나아가면서 민족과 국가를 새롭게 건설해야 할 과제를 안게 되었다. 과거 사상과 제도는 낡은 것으로 치부하고 새로운 근대사회로 도약하고 있었다. 계몽이 시대의 화두로 대두되었을 때 새로운 계몽의 대상이자 주체로 등장한 집단은 여성들이었다. 기존의 전통적인 여성상에서 벗어나 여성에 대한 새로운 관점은 조선 후기 이래 민중들에게 광범위한 영향을 미친 서학, 동학의 영향 이래 조선사회 내부에 이미 형성되었다. 또한 18세기 후반부터 수용되기 시작한 서학의 교리는 '남존여비(男尊女卑)'라는 차별의식에서 탈피하여 여성과 남성을 동일한 인격체로 인정하고 일부일처제나 축첩 금지 등을 주장하면서 많은 여성들에게 호응을 받았다.

개화파들은 서구 열강의 강한 국력의 바탕에는 교육받은 인구의 절반인 여성이라는 존재가 있다는 점을 지적하고 여성이 교육을 받아 개명하면 근대적인 자녀교육과 내조를 하여 가정이 근대화되고 국가도 자주적인 근대화를 이룰 수 있다고 인식하였다.

(5) 여성주체의 등장

여성도 교육해야 한다는 계몽 담론은 여성 자신을 교육운동의 주체로 나서게 했다. 최초의 여권선언이라고 하는 통문에서는 문화 개화 정치를 수행하는 여자도 민족 대열에 참여할 권리가 있다, 남자와 평등하게 직업을 가지고 일할 권리가 있다, 여자도 남자와 동등하게 교육을 받음으로써 인격을 가질 수 있다는 적극적인 주장이 개진되었다. 이를 계기로 북천 양반 부인들 외에 서민층과 기생도 참여하였다.

3. 여성과 사회복지서비스

1) 사회복지전달체계의 개념

사회복지정책을 통하여 제공되는 재화나 서비스는 여러 영역에 걸쳐 다양하며, 다양한 재화나 서비스를 수급자에게 전달하는 방법도 다양할 수밖에 없다. 사회복지전달체계는 사회복지정책이 제공하는 급여 혹은 서비스를 제공하는 조직적 장치이다. 중앙정부, 지방정부, 민간부문 각각 혹은 혼합체계로 사회복지전달체계를 구성하고 있다.

2) 사회복지전달체계의 중요성

사회복지정책이 추구하는 가치나 목표의 성취가 바로 이 전달체계에 따라 달라질 수 있다. 정책내용도 중요하지만 정책의 구체적 대상자의 자격요건을 조사심사하는 일, 자격조건의 설정, 전달구조와 조직의 선택과 실천, 사회복지서비스 신청, 급여과정과 절차 등과 연관된 정책의 선택 등은 결국 전달체계상에서 사회복지정책 대상자와 밀접하게 접촉하면서 실천되는 일이므로 전달체계가 중요하다. 즉, 사회복지정책이 추구하는 가치나 목표의 성취가 바로 이 전달체계에 따라 달라질 수 있으며, 아무리 정책의 내용이 바람직하더라도 전달체계가 적절하지 못하면 그 정책이 추구하는 목표를 이루기가 어렵다. 사회복지전달체계에서 목표는 사회복지서비스가 필요한 개인이나 집단에게 전달되고 정책목표를 효율적으로 달성하는 데 기여하는 것이다.

3) 사회복지전달체계의 주요원칙

(1) 통합성과 지속성

① **통합성**(Integration)

바람직한 전달체계가 이루어지기 위해서는 특정한 재화나 서비스가 특정한 사람들에게 단편적으로 이루어져 특정 사람들이 어떤 재화나 서비스를 불필요하게 많이 받거나(중복), 또는 특정 사람들이 필요한 것들을 받지 못하는 현상(누락)을 방지하여야 한다.

② **지속성**(Continuity)

사람들이 사회복지의 재화나 서비스에 대한 욕구가 있을 때, 이를 지속적 혹은 안정적으로 제공할 수 있어야 하며, 하나의 욕구가 해결되어 다른 욕구로 이전이 필요할 때, 전달체계 간의 연계가 필요하며 중단 없이 제공되어야 한다.

③ **통합성과 지속성 확보방안**

- 중앙집중화 : 전달체계 간 조정과 연계
- 사례관리 : 고도의 전문화와 세분화로 인한 기관 사이의 복합성과 자격요건의 복잡성 문제를 해결하기 위한 전략

(2) 접근성(Accessibility)

접근성 또는 접근용이성은 서비스전달체계의 최종단계로서 욕구를 가진 수요자를 보다 쉽게 서비스 기관에 연결시키는 일련의 과정이다. 이를 위해서는 사회복지 대상자가 필요로 하는 서비스와 급여를 제공받기 위해 나아가는 과정이 쉬워야 한다는 의미이다. 사회복지정책을 통하여 제공되는 재화나 서비스가 아무리 좋더라도, 수급자들이 실제로 그것을 사용하는 것이 어려우면 그 정책의 실효성이 크게 떨어진다. 따라서 전달체계는 공간적, 시간적인 측면에서 수급자가 서비스를 쉽게 이용할 수 있도록 만들어져야 한다.

① **접근성 확보방안**

- 유사한 경험을 가진 사회복지사 채용

• 의뢰를 전문으로 하는 기관을 설립
• 욕구 조사를 통한 도시지역과 농촌지역 간 격차 줄이기

(3) 책임성(Accountability)

적합성이라고도 하는 책임성은 여성복지서비스 부문에서 시설이나 상담소의 숫자뿐만 아니라 예산 수준을 높여야 한다. 여성복지서비스는 양적으로 증대되지만 재정적 지원이 현실화되지 않고 있어 여전히 부차적이고 단편적인 사업, 프로그램에 한정되어 있다. 얼마나 수급자의 욕구에 대응적이고 책임적인가?, 전달체계에 맡겨진 사회적 위임과 과제를 어느 정도로 적절하게 수행하고 있는지의 여부에 따라 달라진다. 일반적으로 사람들의 사회복지재화나 서비스에 대한 욕구형태는 시간이 지남에 따라 변한다. 특히 오늘날과 같은 복잡한 산업사회에서는 더욱 그렇기 때문에 변화된 욕구에 대하여 얼마나 신속하고 융통성 있게 대응할 수 있느냐 하는 점도 전달체계에서 중요하게 고려해야 한다.

① 책임성 확보 방안

• 행정적 청문회와 호소절차
• 책임성 전략으로서 클라이언트 권한 부여: 의사결정, 정책결정에 참여시키고 있다.
• 얼마나 효율적인가?
• 얼마나 경쟁적인가?
• 얼마나 수급자 선택의 자유를 넓힐 수 있는가?
• 얼마나 수급자들의 서비스에 대한 남용과 오용을 막을 수 있는가?

4. 사회복지전달체계의 분류 및 형태

1) 중앙정부

오늘날 복지국가라고 불리는 대부분의 국가는 중앙정부에서 급여수급자격, 급여수준, 재원, 전달체계에 관한 모든 사항을 결정한다. 전달체계로써 중앙정부의 장점은 다음과 같다.

사회복지서비스는 공공재적 성격이 강하며 모든 국민을 대상으로 하는 경우가 있는데, 이 경우에는 중앙정부가 관장하는 것이 효율적이기 때문이다. 다양한 사회복지에 대한 욕구를 체계화하여 다양한 프로그램을 통합, 조정하거나, 이러한 정책을 지속적이고 안정적으로 유지하는 데 유리하다. 전달체계로서 중앙정부의 단점: 모든 국민을 대상으로 하기 때문에 욕구파악이 어렵고 관료주의적이며, 독점적이기 때문에 가격과 질 측면에서 불리할 수 있다.

2) 지방정부

1980년대 신보수주의가 주도적 이데올로기로 등장하면서 복지국가위기론이 제기되었을 때, 중앙정부가 주체가 되는 많은 사회복지프로그램들이 지방정부로 이전되었다, 전달체계로써 중앙정부에 비해 지역주민의 욕구를 효율적으로 해결할 수 있다. 욕구변화에 융통성 있게 대응하고 지방정부 간 경쟁을 유발시켜 서비스의 질을 향상시킬 수 있다.

3) 사회복지전달체계의 개념

'여성복지서비스의 공급자 간을 연결시키기 위하여 또는 여성복지서비스의 공급자와 소비자의 개인 및 집단 간을 연결시키기 위하여 만들어진 조직적 체계'이다.

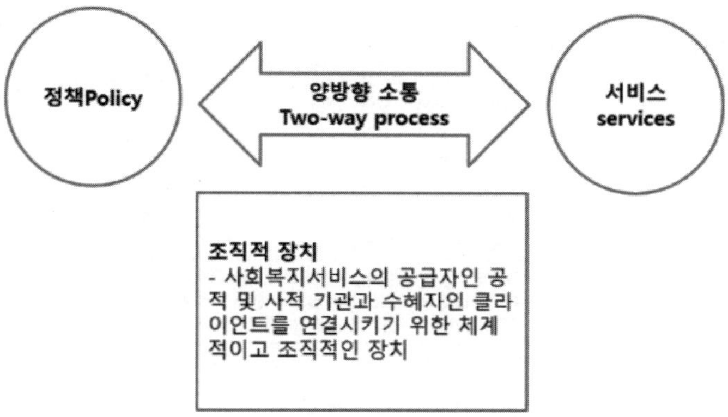

<사회복지 정책과 서비스 간의 관계>

4) 전달체계 구조와 실행과정

| 표 6-2 | 공공복지 전달체계 구축 또는 개편의 주요사례

	개편 사례	주요 내용
①	보건복지사무소 시범 사업 ('95. 7 ~ '99. 12)	
②	사회복지사무소 시범 사업 ('04. 5 ~ '06. 6)	
③	사회복지사업법 개정 ('03. 7)	• 사회복지서비스 신청-조사-수급자격결정-지원계획 수립 절차의 법적 근거 마련 • 바우처 제도의 법적 근거 마련
④	사회(복지)서비스 재정 지방이양 ('05)	
⑤	주민생활지원기능 강화 ('06. 7 ~ '07)	• 복지 · 보건 · 고용 · 주거 · 교육 · 문화 · 체육 · 관광의 8대 서비스를 포함한 주민생활지원 서비스 행정체계 도입 · 강화 시도 • 자산조사 업무 등을 시 · 군 · 구에서 수행토록 하고 읍 · 면 · 동은 찾아가는 복지와 사례관리업무 수행 → 하지만 인력부족 등 인프라 부족으로 효과 미미
⑥	시 · 군 · 구 중심 사례관리 ('08 ~ '09)	• 수요자 중심의 선진 복지전달체계 구축을 목표로 하여 추진 • 위기가구 및 집중관리가 필요한 가구의 사례관리를 시 · 군 · 구로 이관 → 하지만 인력난 문제를 해소하지는 못함
⑦	위기가구 통합사례관리 사업 ('10 ~ '11)	• 사회복지통합관리망을 기반으로 진행됨으로써 복지대상자에 대한 전자적 관리가 본격화 • 사례관리의 체계화를 꾀하였으나 인력의 확충이 따르지 않아 여전히 한계가 많았음(기존의 민생안정전문요원을 사회복지통합서비스전문요원으로 명칭 변경)
⑧	사회서비스 이용 및 이용권 관리에 관한 법률('12): 바우처 제도 관리의 법적 근거 마련	
⑨	희망복지지원단 ('12. 4 ~)	• 지역단위의 맞춤형 복지행정을 구축하기 위해 기존의 서비스 연계팀을 확대 · 개편하여 통합사례관리를 강화하고 이를 위해 시 · 군 · 구에 희망복지지원단 설치 · 운영 • 희망복지지원단은 지역단위 통합서비스 제공을 위해 통합사례관리, 지역 내 공공 및 민간자원 관리, 지역보호체계 운영, 서비스 연계체계 구축, 주민센터 복지업무 지도 · 감독 등 역할 수행(사회복지통합서비스전문요원을 통합사례관리사로 명칭 변경)
⑩	개정 사회보장기본법 시행 ('13. 1. 27)	
⑪	읍 · 면 · 동 복지허브화 추진 ('16. 7 ~)	• 국정과제로 '수요자 맞춤형 전달체계' 추진: 맞춤형 복지서비스 제공 요구 증대에 따라 읍 · 면 · 동까지 통합사례관리 기능을 확대하는 것을 목표로 함 • '동주민센터 복지허브화' 추진: 읍 · 면 · 동 복지허브화 시범 사업('14. 7 ~ '15); 맞춤형 복지전담팀 설치('16년 700개, '18년 전체)
⑫	사회보장급여의 이용 · 제공 및 수급권자 발굴에 관한 법률(사회보장급여법) 시행('15. 7)	

※ 주: ①, ⑫ 등의 원 번호는 필자가 붙인 단순 일련번호임

※ 출처: 민소영(2015); 강혜규 외(2016) 56쪽 〈표 2-2-1〉에서 필자 정리

참·고·문·헌

민소영(2015). 한국의 사례관리 전개과정과 쟁점 고찰. **한국사회복지정책학**, 17(1), 213-219.

강혜규, 박세경, 함영진, 이정은, 김태은, 최지선, 김보영, John Hudson, Aniela Wenham.(2016). 사회보장부문의 서비스전달체계 연구: 맞춤형 서비스를 위한 통합성 분석을 중심으로. 연구보고서 2016-37, 세종: 한국보건사회연구원.

Part Ⅲ

여성과 사회복지실천

Chapter

07

한부모여성

1. 한부모가족의 증가와 실태

2. 한부모가족을 위한 사회적 지원

3. 사회복지실천을 위한 방향

1. 한부모가족의 증가와 실태

한부모가족은 부(父)나 모(母) 중의 한 사람이 단독으로 부모의 역할을 수행하는 가족으로 인식되고 있다. 그러나 한부모가족에 대한 정의는 이보다 복잡할 뿐만 아니라 학자에 따라 각기 다른 견해를 가지고 있어 하나의 합의된 정의를 도출하기는 어려운 상태이다.

한부모가족을 어떻게? 왜? 정의해야 하는가? 에 대한 중요한 의미를 가지는 이유는 무엇일까? 이들에 대한 국가의 정책이나 사회복지서비스를 수립할 경우 필요하기 때문이다. 자녀의 연령을 기준으로 할 경우, 자녀의 연령이 기준을 초과하게 되면 한부모가족 지원 대상자에서 제외될 수밖에 없다. 만약, 한부모가족이 된 원인에 중점을 두어 혼인관계 소멸(이혼, 사별)일 경우에만 한부모가족의 범주에 포함된다면 실질적인 지원을 받을 수 없다. 따라서 한부모가족을 어떻게 정의하느냐에 대한 정의는 중요한 의미를 갖는다고 할 수 있다.

1) 한부모가족: 여성은 빈곤하다?

한부모여성 빈곤의 특성은 남성에 비해 가족구조, 노동 시장 진입에 어려움이 있다. 반드시 그렇다고 단정 지을 수는 없으나, 생애과정과 보다 밀접하게 연결되어 있기 때문에 일부 한부모여성이라는 입장에서 이해할 필요가 있다. 남성의 빈곤이 노동시장 중심의 단선적 성격을 지니고 있다면, 여성은 이혼, 별거, 사별, 혼외출산, 동거의 증가 등과 같은 가족적 차원의 요인과 실업, 고용불안정, 차별, 편견 등과 같은 노동시장 요인이 복합적으로 연결되어 있다. 그렇다면 한부모남성은 빈곤하지 않을까 하는 의문을 제기할 수 있는데 개인적, 사회적, 환경적 요인 등을 상대적으로 비교했을 때 한부모여성이 빈곤할 수 있는 요인이 많다는 의미이다. 한부모여성의 빈곤은 가부장제, 자본주의 사회에서 여성의 지위를 총체적으로 표현하고 있다는 점에서 '빈곤의 여성화'라는 일종의 분석틀로 사용된다. 즉, 한부모여성은 이혼, 사별 등을 경험할 경우 가족구조의 전환을 거치면서 자녀양육, 직업생활이라는 이중부담을 겪고 있다. 이때 여성이 경험하는 노동시장 내 차별과 제약, 사회복지정책의 남성 중심적 구조로 인하여 빈곤할 수 있는 가능성이 높아진다.

'빈곤의 여성화'는 여성, 한부모여성이라는 대상이 구조적으로 가족, 노동시장, 사회보장제도의 3가지 측면이 결합하면서 나타나게 되는데 노동시장 진입이 어렵거나, 진입하더라도 가족생활로 인한 잦은 이탈과 재진입이 이루어지고 있는 상황을 고려한다면 여성의 경제적 자립은 어려울 수 있다. 사회보장제도 역시 노동 시장의 활동을 전제로 설계되어 있어 노동시장에서의 불평등이 사회보장제도에 그대로 반영됨으로써 여성은 사회보장의 기본적 수혜에서 불평등한 상황에 놓이고 있다. 과거 남성은 생계부양자, 여성은 생계보조자라는 성별 분업체계에서 남성의 부재는 경제적 자원이 단절(상실)됨을 의미하며, 결과적으로 여성은 가구주로서 가구의 빈곤을 심화시키는 원인이 된다.

2) 한부모가족의 분류

한부모가족이 되는 가장 일반적인 원인으로 배우자와의 이혼, 별거, 사망 그리고 비혼 상태에서의 출산 등이 있다. 이는 근거법인 한부모가족지원법에 의해서 분류할 수 있다.

첫째, 부모집단 유형에 따라 분류할 수 있다. 부모가 법적 혼인관계에서 한부모가족이 된 경우인지, 사실혼 관계에서 한부모가족이 된 경우인지에 따라 나눌 수 있다. 현재 한부모가족지원법에서는 사실혼 관계에서 출산한 자녀는 한부모가족지원법 대상에 포함하지 않으나, 사실혼 관계 입증이 어려운 경우 경제적 상황, 자녀 연령 등을 고려하여 지원이 가능하다.

둘째, 가족해체의 유형에 따라 분류할 수 있다. 만약, 부모 중 한 사람이 사망, 이혼, 배우자의 장기입원이나 구속 등으로 인한 해체가 이에 해당된다.

셋째, 아동(자녀)에 대한 보호 대상자에 따라 분류할 수 있다. 이는 부모를 대신할 수 있는 법적 보호자의 역할이 가능한 사람이 누구냐에 따라 모자 가족 또는 부자가족, 조손가족으로 분류가 된다.

하지만 한부모가족을 그 원인에 따라 구분해야 하는 이유는 각 범주에 따라 가족 특성 및 문제가 다를 수 있기 때문에 반드시 한부모가 된 원인에 대한 파악이 필요하다.

3) 한부모여성이 증가하는 데 관심을 가져야 하는 이유

첫째, 한부모여성이 처한 구조적 제약, 빈곤의 문제는 사회구성원의 기본생활을 보장하는 목적으로 하는 사회정책에 의해서도 완화되기 어렵다. 즉 기여금 액수, 납부기간에 비례하여 급부(지급)하는 사회보장제도의 속성으로 인해 노동시장 내 취약한 노동자는 사회복지정책에 의해서도 통합되지 못하는 구조적 한계가 있다. 이혼이나 사별 등에 의한 원인이 한부모여성의 경제적 위기 상황을 발생시키지만 사회보장제도로부터 받을 수 있는 보호는 부족한 실정이다. 고용보험, 국민건강보험 등은 자격상실로 인한 가족구조의 변동 이후 한부모가족(여성)에게 경제적 부담을 가중시키는 요인으로 작용한다.

둘째, 원가족으로부터의 지원 부재나 부족에 의해 빈곤화가 가속화된다. 한국사회에서 가족 내 경제적 자원의 유입은 대체로 가장(家長)으로 간주되는 남성 중심에서 이루어지고 있다. 여성은 법적 혼인관계에서 남편이 사회에서 획득한 경제적, 사회적 자원에 접근이 가능했었으나, 혼인관계가 해소될 경우에는 사회적 혜택이나 경제적 자원은 단절된다. 이는 결과적으로 경제적 빈곤을 심화시킨다. 최근 이혼으로 한부모가족이 된 이후 비양육자(자녀 친부)로부터 양육비를 지급받지 못한 경우가 많아서 경제적 어려움을 겪는 한부모 여성이 많다(허민숙, 2022).

2. 한부모가족을 위한 사회적 지원

1) 한부모가족의 증가

통계청 인구주택총조사 결과에 의하면 한부모가족은 매년 2.0%대를 유지하고 있다. 이는 이혼건수와 조이혼율을 통해서 살펴보면 〈표 7-1〉과 같다.

| 표 7-1 | 이혼건수와 조이혼율

기본항목별	2015	2016	2017	2018	2019	2020	2021	2022
이혼 건수 (건)	109,153	107,328	106,032	108,684	110,831	106,500	101,673	93,232
조이혼율 (천 명당)	2.1	2.1	2.1	2.1	2.2	2.1	2.0	1.8

출처: 통계청(2023). 2015년부터 2022년 이혼건수와 조이혼율

이러한 결과는 이혼이 증가하면서 자녀와 모자가족을 구성하는 한부모여성이 증가하고 있는 추세를 확인할 수 있다.

2) 한부모가족의 실태

(1) 심리적 문제

한부모가족의 부모나 자녀는 모두 역할에 대한 혼란감을 경험하게 된다. 자녀들은 성장과정에서 부모의 부재로 동일시할 대상이 사라짐으로써 심리적 문제가 발생할 수 있다. 또한 경제적 어려움, 주거불안, 자녀양육과 경제활동을 병행해야 하는 부담 등으로 심리적 문제를 경험할 가능성이 높다. 가족구조의 변화 이후 경제적 어려움 증가, 이중역할 고충, 지원망 체계 약화에 의한 전반적 생활의 어려움 이외에도 사회적으로 부정적인 편견, 배제, 낙인 등으로 인한 부정적 영향을 받을 수 있다. 가족 유형이 다양해졌으나 여전히 한국사회에 존재하는 한부모, 이혼 등에 대한 부정적 인식과 편견은 가구원의 자존감을 저하시키고 사회 전반에 대한 불신과 회의를 불러일으켜 사회적 관계를 축소시킬 수 있다.

한부모의 건강상태는 신체적 · 정신적 건강상태, 의료서비스 이용현황, 규칙적 운동 수행 여부 등을 중심으로 살펴보았음. 먼저, 본인이 지각하는 평소 건강상태의 경우 '좋은 편이다'라는 응답이 60.8%로 가장 많았지만, '나쁜 편이다'(22.5%)라는 응답과 '매우 나쁘다'(4.1%)는 응답도 있음을 알 수 있다. 2018년 한부모가족 실태조사와 비교하면 본인의 건강상태를 긍정적으로 평가한 응답자의 수가 증가하고 있다.

한편, 현재 건강상의 문제나 신체 혹은 정신적 장애로 일상생활 및 사회활동에 제한을 받고 있다고 응답한 한부모는 전체 응답자의 12.2%로 집계됨. 이는 2018년 한부모실태조사 결과(11.3%)에 비해 증가한 수치로 나타났다. 응답자의 연령대가 높을수록, 교육수준이 낮을수록, 비취업 상태이거나 임시 · 일용직에 근무하는 응답자인 경우, 경제적 상황이 열악한 한부모가 그렇지 않은 한부모보다 건강상의 이유로 일상생활 및 사회활동에 제한을 받는다고 응답한 비율이 상대적으로 높게 나타났다.

(2) 주거빈곤

한부모가족 중 여성이 모두 빈곤하지는 않을 수 있다는 전제에서 모든 빈곤이 근로소득이나 생계수입 저하 등 경제적 소득원의 문제에만 머물지는 않는다. 실제로 한부모여성은 학력, 고용상태, 가구 내 피부양 자녀 수, 기타 가족성원의 취업 여부 등에 의하여 서로 다른 생활을 영위하고 있다. 한부모가족 중에서도 교육 수준, 상용직에 취업하고 있는 경우, 18세 미만의 피부양 자녀가 적은 경우, 가족 내 추가 소득자가 있는 경우 빈곤하지 않을 확률이 높다. 이러한 상황에서 한부모가족 주거실태를 보면 비율의 차이는 분명 존재한다.

다음은 통계청(2021)의 한부모가족 실태조사 결과이다. 조사결과에 따르면 한부모가족은 '자기 집(자가)'에 거주하는 자가가구는 20.7%인 것으로 조사되었고, '전세'(23.6%), '보증금 있는 월세'(26.4%), '무상으로 가족, 친척 집에 거주'(9.5%), '공공임대'(17.7%) 등으로 나타났다. 이는 자가 점유율 57.9%로 나타난 「2020년도 주거실태조사 결과」의 주거 안정성과 비교할 때 자가 가구의 비율이 현저히 낮은 수준으로 한부모가족의 주거안정성이 낮을 가능성을 확인할 수 있다. 2018년 조사결과와 비교했을 때 자가 비율은 다소 감소하고, 전세 · 보증부월세의 비율은 상당히 증가한 것으로 나타나 주거안정성은 낮아진 것으로 나타나고 있다. 이와 함께 공공임대에 거주하는 비율 또한 낮아졌으며, 보증부 월세가 증가한 것을 보면, 주거안정성은 지난 조사대비 많이 낮아진 것으로 볼 수 있다. 주거 상황은 빈곤에 결정적인 영향을 주는 요인으로 자가를 소유한 경우에는 한부모여성가구와 일반가구 간의 빈곤율 차이가 거의 없는 데 비해 주거불안정의 경우 빈곤율 격차가 2배 이상 벌어지고 있다(이현정, 2017: 송다영, 2019). 이것은 한부모가족이라도 주거가 안정되면 빈곤 문제로부터 자유로울 수 있는 현실을 반영한다.

(3) 가구 내 소비 지출과 사회적 관계망 미비

한부모들의 과반수가 집안일, 돈이 필요할 때, 본인과 아이가 아플 때, 생활과 관련한 도움이 필요할 때 등 일상생활에서 부모 및 친인척의 도움을 얻고 있는 것으로 나타났다. 반면, 도움을 구하지 못하는 비율도 적지 않았는데 집안일 23.8%, 돈이 필요할 때 16.6%, 본인이 아플 때 10.4%, 아이가 아플 때 9.1%, 생활 관련 8.0%가 도움을 구할 곳이 '없다'라고 응답하였다. 도움을 구할 곳이 '없다'는 비율은 감소세를 보이고 있지만 여전히 10% 안팎의 응답률을 나타내고 있어, 한부모가족들이 가사나 경제적 상태, 건강, 자녀돌봄 등과 관련해서 어려움을 겪을 때 사회적 지지망이 취약할 가능성이 있음을 확인할 수 있다. 가족자원 관리 분야에서 한부모가족의 경제적 자원,

시간 자원 및 여가와 관련된 연구를 찾아볼 수 있다. 한부모가족의 지출상태를 연구한 고선강(2018)에 따르면 한부모가족의 지출 규모는 소득수준에 많은 영향을 받는데, 여성 한부모가족의 경우에는 식료품비와 주거비 지출에 총지출의 많은 부분을 할애하고 있는 것으로 나타났다. 이들 가족은 기본적인 의식주를 해결하는데 총지출의 많은 부분을 할애하고 있는 상황에서 높은 삶의 질을 기대하기는 어려우므로 한부모가족이 필수 자원에 대한 부담을 줄일 수 있는 효과적인 정책적, 제도적 지원이 필요하다고 할 수 있다.

3. 사회복지실천을 위한 방향

1) 실천적 방안

(1) 부모교육과 훈련

한부모가족은 한쪽 부모의 역할 부재, 부모 역할의 문제를 가진다. 부모 역할은 한부모가족의 가장 큰 관심사인 자녀양육과 교육에 가장 중요한 영향을 미치는 부분이기도 하다. 따라서 이들에게 바람직한 부모 역할이 무엇이며, 부모 역할에 대해 어떻게 하는 것이 바람직한지에 대한 교육과 함께 그러한 역할을 할 수 있도록 역할연습을 비롯한 다양한 기술을 통해 훈련시킴으써 부모역할의 능력을 길러주어야 한다.

(2) 지지적 관계망의 형성

지지적 관계망의 형성이란 한부모가족에게 잠재적으로 지지가 될 수 있는 공식적, 비공식적 지지망을 확인하여 이들을 한부모가족에게 연결해주는 것이다. 즉, 친척이나 친구, 이웃 혹은 사회기관 중 한부모가족에 지지가 될 만한 자원을 찾아내어 한부모가족과 연계시키는 것이다. 이를 위해서는 사정 단계에서 생태도나 사회적 관계망을 이용해 지지적 자원을 구체적으로 파악해야 한다.

(3) 자조모임

한부모를 위한 자조집단은 지역사회복지관, 건강가정지원센터, NGO 단체, 여성단체 등 민간영역에서 주로 이루어지고 있고 이들 가운데에서도 특히 지역사회복지관에서 운영하고 있는 한부모 자조집단의 경우는 대다수 참여자들이 저소득 계층으로 다양하고 복합적인 욕구를 가지고 있다는 점이 가장 큰 특징이다. 그러다 보니 자조집단의 구성 과정 역시 지역사회복지관의 서비스를 이용하기 시작하면서, 주로 사회복지사의 개입에 의해 이루어지고, 기관이 가진 서비스나 자원이 자조집단을 통해 참여자들에게 제공되는 통로가 되기도 하였으며, 심리적 지지와 상호교류를 통한 정서적 지지 기능에 초점을 두고 운영되어야 한다.

자조 모임은 공통적인 문제를 가진 사람들이 모여 공통의 목적을 위하여 자발적인 비전문적 활동을 함으로써 집단 성원 개개인이 도움을 얻는 모임을 말하며, 전문적 관계에서 잘 표출되지 않는 욕구를 충족시키는 수단이 된다. 자조 모임 구성원들은 동료애를 발휘하여 사회적 고립이나 낙인에 의한 은둔을 방지할 수 있고 주거, 보건, 고용 기회 면에서도 도움을 받을 수 있다. '자조'란 클라이언트(전문가)의 자기결정권이 최대로 고조된 형태이며, 자조 모임이란 영향을 받는 사람들 스스로에 의해서 또는 희생자들, 소비자에 의해서 만들어지고 통제되는 집단이다. 즉, 비공식적인 사회적 지지의 한 유형으로 유사한 경험을 한 사람들의 도움과 이해를 통해 특정 욕구를 가진 구성원들을 도와주는 조직으로 홀로 대처하는 방식에 대한 대안이라고 할 수 있다. 이러한 자조 모임은 광범위한 문제와 관심사를 가진 한부모가족 여성을 위한 원조 역할을 하고 장기적 지지, 공적, 사회적 서비스 기관에서 찾기 어려운 소속감을 제공하며 구성원들에게 원조를 받을 기회뿐만 아니라 원조를 제공할 기회를 확보한다.

2) 정책적 대안

(1) 양육비이행서비스

양육비이행 서비스는 양육부 · 모(양육비채권자)의 신청을 받아 비양육부 · 모로부터 양육비를 지급받을 수 있도록 당사자 간 협의성립, 양육비 관련 소송, 채권추심, 불이행 시 제재조치 등을 지원하는 서비스이다. 양육부 · 모(양육비 채권자)는 필요한 서비스를 지원받기 위해 각각의 단계마다 필요한 서비스를 제공하는 기관을 일일이 찾아갈 필요 없이 이행관리원에 1회 신청만으로 종합지원 서비스가 가능하다.

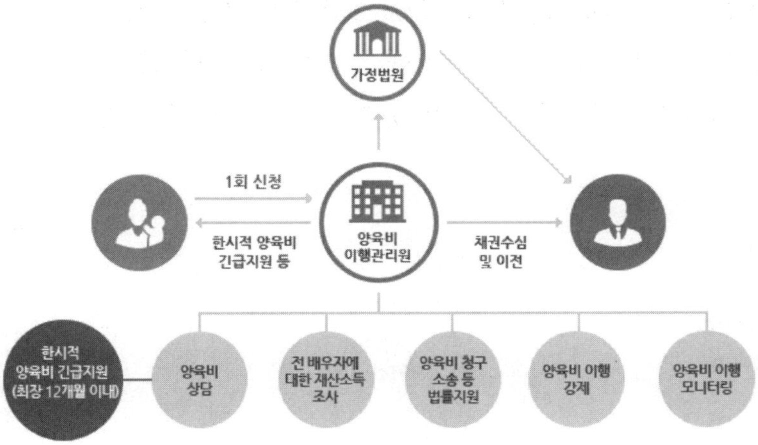

| 그림 7-1 | 양육비이행서비스

(2) 서비스 신청이 가능한 대상

양육비 이행확보 및 지원에 법률"에 따른 만 19세 미만 자녀 양육 한부모 · 조손 가족

① 한부모가족지원법에 따른 자녀

② 양육 한부모 · 조손가족

③ 취학 중인 22세 미만 자녀, 군복무 후 복학한 22세 미만 + 군 복무기간 자녀 양육 한부모 · 조손가족

(3) 서비스 절차

① 양육비문제 전반에 관한 전화상담, 온라인상담, 방문상담, 방문, 우편, 온라인을 통한 이행 지원 신청서 접수 가능

- 상담은 양육부 · 모, 양육비채권자, 비양육부 · 모, 양육비채무자가 주 이용대상
- 일반인에 대한 양육비 관련 상담
- 전국 대표 전화번호(1644-6621)를 통한 전화상담
- 누리집을 이용한 온라인상담
- 방문을 통한 대면상담
- 신청에 의한 양육비이행 지원은 양육부 · 모와 양육비채권자에 한함

• 온라인접수, 우편접수, 직접접수를 통한 이행 지원 신청서 접수
• 방문자가 신청서를 스스로 작성하기 힘들다고 판단되는 경우 신청서 대필
• 온라인, 우편 또는 직접 교부를 통한 신청접수증명원 교부

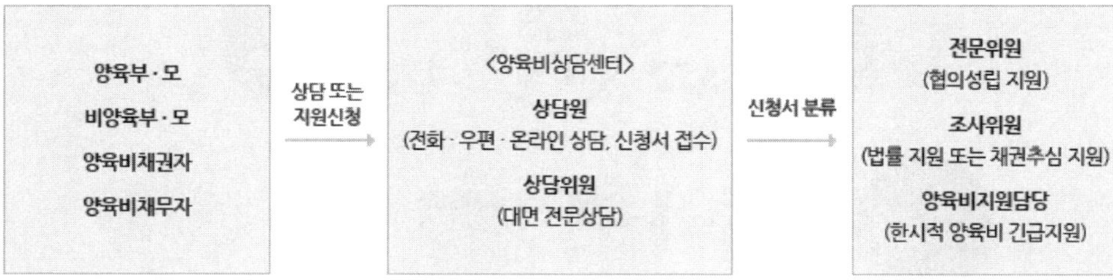

| 그림 7-2 | 신청 절차

② 양육부 · 모와 비양육부 · 모(또는 양육비채권자와 양육비채무자) **간 양육비 부담 등 협의가 이루어지도록 지원**

• 당사자 중 일방으로부터 [양육비 협의 성립 지원 신청서] 접수
• 당사자 간 양육비 협의 지원
• 협의가 원만하게 이루어질 경우, 합의서 작성 및 공증 지원
• 협의 불성립 시, 사실 통지 및 다른 양육비이행 절차 안내

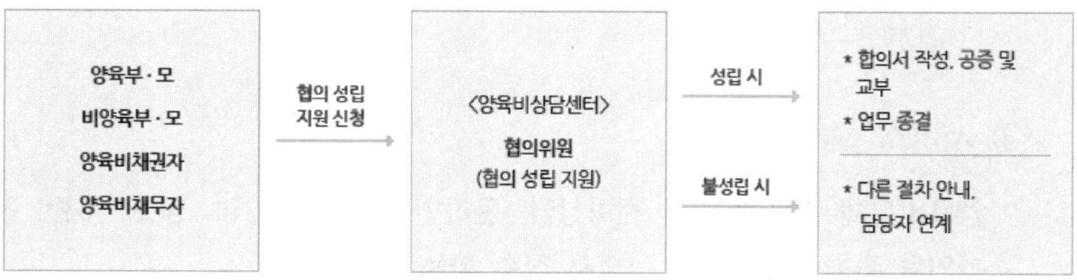

| 그림 7-3 | 당사자 협의성립 절차

③ 담당 신청 건의 양육비채무자 관련 소득, 재산 등을 종합적으로 조사

• 지자체 시스템 연계와 국민건강보험공단연계로 비양육부·모 및 양육비 채무자 주소·근무지 파악
  – 양육비채무자, 관계인, 법원, 관계기관, 금융기관 등을 통한 양육비채무

자의 소득·재산 파악

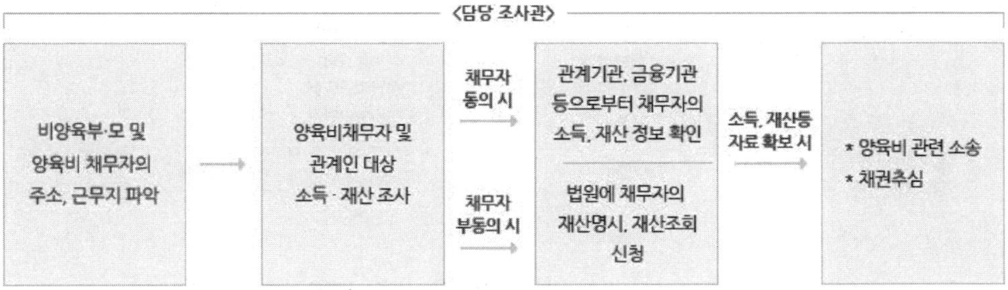

| 그림 7-4 | 양육비 채무자의 주소, 소득, 재산 조사

④ 양육비이행을 위한 법률지원

지원 신청한 양육부·모(또는 양육비채권자)를 대신하여 양육비 관련 법률 지원, 채권추심 지원, 주소 및 소득·재산조사, 양육비 이행상황 모니터링 등을 종합적으로 지원

- 양육부·모의 집행권원 확보를 위한 소송 지원
- 비혼 양육부·모인 경우, 자녀 인지 청구 소송 및 양육비 청구 소송 지원
- 이혼의 경우 양육비 청구 소송 지원
- 양육비채권자의 양육비 이행 확보를 위한 소송 지원
- 가사소송법 상 양육비 이행확보 소송 지원
- 민사집행법 상 부동산 강제경매, 채권압류, 동산집행 등 양육비 이행확보 소송 지원
- 양육비채무자의 재산에 대한 법적 조치 지원
- 양육비 청구소송 전·후 또는 동시로 가압류·가처분, 사전처분 진행
- 양육비 청구소송 또는 이행확보 소송 중 재산명시 및 재산조회

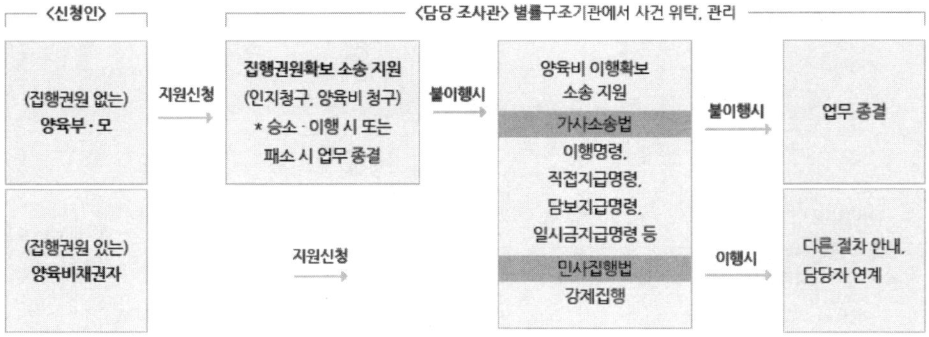

| 그림 7-5 | 양육비이행을 위한 법률지원

⑤ 양육비 이행을 위한 채권추심

일반적인 채권추심 지원은 '담당조사관'이 직접 수행 받아내기가 어려운 채권은 "전문추심업체(상법상 채권 또는 민사집행법상 집행권원 있는 채권 추심)"에 위탁 수행

- 양육비채권자로부터 채권추심 지원 신청서 접수
- 양육비채무자에게 '양육비 이행 청구서' 송달(1개월 이내 양육비 미지급 시) 양육비 채무자의 소득, 재산 등 양육비 지급능력 확인을 위한 조사
- 소득, 재산 등 조사 결과를 기초로 양육비채무자에 대한 직접 채권추심 불이행 시, 채권추심전문기관에 채권추심 위탁

▌업무절차

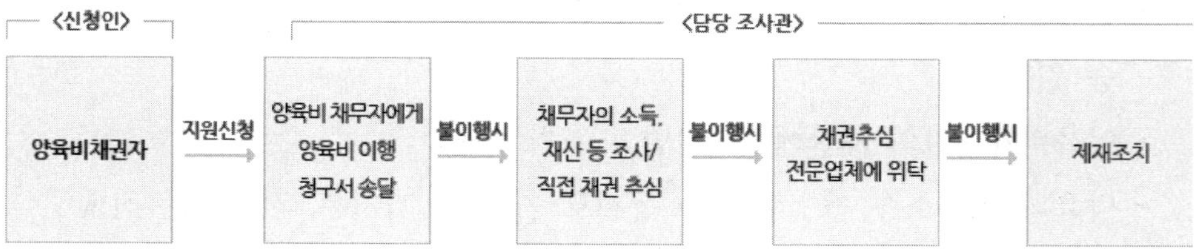

| 그림 7-6 | 양육비이행을 위한 채권추심

⑥ 기타 양육비 이행확보를 위한 절차

- 신용정보회사 등에 양육비 체납자료 제공
- 양육비채무자의 신용도 하락에 영향을 미침으로써 양육비이행 독려

▌제공 절차

- 양육비채무자에게 양육비 연체 시 신용정보회사 등에 양육비 체납 자료를 제공할 것임을 사전 고지
- 신용정보회사 등에 체납자료 제공
- 양육비채무자에게 양육비 체납자료 제공 사실 사후 통보
- 양육비채무자의 세금환급예정금액 압류, 차감
- 국세청, 행정자치부와 협조하여 양육비채무자의 국세·지방세 환급 예정금액을 압류, 양육비채권자의 계좌로 이체
- 채권추심전문가, 법률전문가, 파견경찰관, 파견검찰관 등으로 조를 구성

양육비 고액체납 사례, 사회적 파장이 큰 사례, 고질적 양육비 체납 사례 등 특정사안 중심으로 양육비이행을 위한 현장 활동 기획, 전개

참·고·문·헌

허민숙(2022). 「양육비이행법」의 입법영향분석. 서울: 국회입법조사처.

통계청(2023). 2015년부터 2022년 이혼건수와 조이혼율. (검색일: 2024.1.11.)

양혜원, 최정숙, 김희수(2018). 지역사회복지관 한부모 자조집단 실천에 대한 사회복지사의 성찰 연구-참여실행연구 자료를 중심으로-. 한국가족복지학, 62, 103-139.

Chapter
08

비혼모

1. 비혼모 발생원인
2. 비혼모자가족을 위한 사회적 지원
3. 사회복지실천을 위한 방향

1. 비혼모 발생원인

1990년대 중반 이후 이혼 등 가족해체가 늘어나면서 한부모 가족이 지속적으로 증가하고 있으며, 결혼의 지연·기피로 인하여 일인가구 또한 급격히 증가하고 있다. 더불어, 여성결혼이민자의 대규모 유입을 통한 다문화가족의 성장 등은 가족의 형태적·기능적 다양성에 대한 한국사회의 수용성을 크게 확장시켰으며, 특정한 가정유형에 부여되어 왔던 제도적 정당성의 토대 약화를 이끌어냈다.

그러나 이러한 가족 및 결혼제도에 대한 사회적 유연성의 증가에도 불구하고 비혼모와 그 자녀로 구성된 비혼모가족은 여전히 정당한 가족형태의 사회적 승인에서 배제되어 왔다. 자녀출산의 합법성을 결혼제도의 틀 내에서만 승인하는 부계혈통에 기초한 가족주의와 가부장적인 성의식은 아직도 미혼여성의 임신과 출산을 가족과 성규범에 대한 도전이자 일탈적 행위로 간주하기 때문에, 비혼모 가족들은 취업과 교육을 비롯한 삶의 다양한 영역에 걸쳐 사회적 차별과 편견을 경험하고 있다. 한국여성정책연구원에서 실시한 비혼모 관련 전문가에 대한 인식조사에 따르면, 조사 대상 전문가의 94.3%가 우리나라는 비혼모를 차별하는 사회라고 인식하는 것으로 나타났다. 또한 일반시민들을 대상으로 비혼모에 대한 인식을 조사한 국민의식조사 결과(안경천, 2009)에 의하면, 비혼모에 대한 사회적 거리감은 외국인 노동자나 장애인보다 큰 것으로 분석되었다. 이는 우리사회가 비혼모 가족을 수용하지 못하였으며, 사회의 보이지 않는 존재로 취급해 왔음을 보여준다.

이와 같은 미혼여성의 임신·출산 및 자녀양육을 둘러싼 냉랭한 사회적 지형에 최근 들어 중요한 변화가 감지되고 있다. 비혼모 가족을 위한 공적 지원체계의 미비와 사회적 냉대는 오랫동안 많은 비혼모로 하여금 인공임신중절, 입양, 유기 등을 통해 자녀의 양육을 포기하도록 종용하여 왔다. 그러나 전체 비혼모의 90% 이상이 입양을 택했던 과거와는 달리 자녀의 양육을 선택하는 비혼모가 눈에 띄게 증가하기 시작하였다. 양육을 선택하는 비혼모의 비율은 1998년 7.2%에서 2001년 11.0%, 2005년 31.7%, 2009년에는 66.4%, 2023년 현재 79.2%로 괄목할만한 증가추세에 있다. 이러한 변화는 비혼모의 모성역할을 부정하는 사회의 고정관념에 대한 도전이라 할 수 있다. 그리고 그 변화의 근원은 지금까지 사회의 주변부에 머물러 있었던 비혼모들이 자신들의 모성권을 주장하기 시작하면서, 한국사회의 편견과 자녀 양육의 어려움에도 불구하고 아이를 직접 키우기를 원하는 자신들의 의지를 보여주었던 것에서 찾을 수 있다. 실제로 비혼모들의 자녀양육 결정과정을 분석한 최근 연구들은 양육결정에 있어서 가장 중요했던 것은 비혼모 스스로 자녀를 양육하겠다는 자신의 의사였음을 밝히고 있다.

자녀 양육을 선택하는 비혼모의 비율 증가는 비혼모 집단 내부의 다양성 증가와도 관련이 있는 것으로 보인다. 매스미디어에 자주 등장하여 대중의 우려를 자아내던 비혼모의 저연령화 현상은 2000년대 중반을 기점으로 감소하는 10대 비혼모 비중을 통해 해소되고 있음을 알 수 있다. 실제로 비혼모자시설에 입소하는 10대 비혼모의 비중은 2006년 34%, 2007년 31%, 2008년 35%, 2009년 26%로 감소하는 추세인 것으로 나타났다(이미정, 2011). 이와 더불어 교육수준, 유급노동 경험유무 등 사회경제적 지위와 관련된 다른 특성들도 과거에 비하여 전체적으로 향상되고 있으며, 비혼모의 발생범위 또한 국한된 특정 가정이나 계층을 넘어서기 시작한 것으로 보고되고 있다. 이러한 비혼모의 내부적 다양성의 증가는 향후 이들의 사회경제적 전망에 긍정적으로 작용할 수 있는 잠재적 요인임은 분명하지만, 비혼모들을 경제적 곤란을 비롯한 당장의 다양한 문제들로부터 자유롭게 하기에는 역부족이다. 특히 많은 연구·조사들은 비혼모 가족이 직면한 빈곤 문제를 지적하고 있다. 이 중 양육비혼모에 대한 생활현황을 분석한 이미정(2011), 변수정 외(2019)에 의하면, 과거에 비하여 전반적으로 높아진 연령과 교육수준에도 불구하고 조사대상 양육비혼모의 절반 이상이 기초생계비를 수급하고 있었으며, 전체의 84%가량은 150만 원 미만의 월평균 소득을 가지고 있는 것으로 나타나, 여전히 많은 비혼모들이 경제적 어려움에 처해 있음을 알 수 있다.

2. 비혼모자가족을 위한 사회적 지원

1) '비혼모'라는 용어 정리

비혼모는 일반적으로 합법적인 결혼절차 없이 아기를 임신하거나 출산한 여성을 가리키며, 학자에 따라서는 임신중절과 사실혼의 경우까지 포함하기도 한다.

최근 들어 자녀 양육을 선택하는 비혼모의 증가와 더불어 비혼모를 지칭하는 용어도 다양화되고 있다. '자녀를 입양하는 대신 직접 양육하는 비혼모'라는 의미의 양육비혼모는 비혼모 보호시설인 애란원에서 1999년 처음 사용하였다. 주로 입양을 선택하는 비혼모들에게 제공되던 기존의 프로그램과는 차별화된 서비스를 제공할 목적으로 전국공동모금회 사업에 제출한 '양육비혼모를 위한 자조지지공동체 사업'에서 사용되었다. 또한 비혼모(未婚母)에 포함되어 있는 차별적 요소를 제거하고, 출산과 자녀양육을 보다 주체적으로 선택하였음을 강조하는 비혼모(非婚母)라는 용어가 활용되기도 한다.

한편, 2011년 서울시한부모가족지원센터에서 주최한 비혼모 인식개선 캠페인 명칭 공모에서는 '두리모'가 비혼모를 대체할 용어로 채택되기도 하였다. '두리'는 비혼모 혼자서 아빠와 엄마의 두 가지 역할을 수행해야 함을 의미하는 '둘'이라는 숫자적 의미와 자녀를 보호하는 '둘레'라는 이중의 의미를 내포한다. 양육비혼모를 비롯하여 비혼모를 지칭하는 용어의 다양화는 자발적으로 비혼(非婚)과 양육을 선택하는 비혼모의 증가와 함께 비혼모에 대한 사회적 편견과 인식이 점진적이나마 개선되고 있음을 보여주는 것이라 할 수 있다. 그러나 이러한 전반적인 변화에도 불구하고, 여전히 비혼모는 우리 사회에서 '보이지 않는 존재(invisible beings)'에 가깝다. 전 국민을 대상으로 실시되는 인구센서스 조사에서도 출산조사는 기혼자에 한하고 있기에, 비혼모의 정확한 규모와 추이를 파악할 수 있는 공식적 데이터조차 구축되어 있지 않은 실정이다. 또한 많은 연구·조사들은 우리사회의 많은 양육비혼모들이 여전히 교육, 취업, 자립, 자녀양육, 심리정서 등 삶의 전 영역에 걸쳐 다양한 형태의 어려움에 직면하고 있음을 보고하고 있다. 즉 오랜 기간에 걸쳐 형성된 비혼모에 대한 사회경제적 차별은 비혼모 스스로의 선택 · 자각 · 노력만으로 극복하기에는 역부족이며, 이에 국가의 공적 개입의 필요성을 발견할 수 있다.

2) 비혼모자가족을 위한 지원에 대한 필요성 제기

한국 사회의 비혼모 지원정책의 전개과정을 검토하기에 앞서, 양육비혼모에 대한 공적 지원의 의의 즉, 왜 비혼모와 그 자녀로 구성된 비혼모가족을 사회적으로 지원해야 하는가를 보다 구체적으로 살펴보고자 한다.

먼저, 양육비혼모에 대한 사회적 지원의 첫 번째 의의는 비혼모의 인권과 권리 측면에서 접근할 수 있다. 우리 사회의 비혼모에 대한 편견과 법적 · 제도적 지원체계의 미흡은 비혼모를 가족과 사회로부터 소외시키며, 그들로 하여금 낙태 또는 입양을 통하여 자녀양육을 포기하게 만드는 중요한 기재로 작동하고 있다. 이는 결혼 여부와 상관없이 모든 여성들에게 보편적으로 인정되어야 할 인권 중의 하나인 임신 · 출산 · 양육에 관한 자기결정권 즉, 모성에 대한 권리가 한국사회의 비혼모들에게는 보장되고 있지 않음을 보여주는 것이다. 물론 대한민국의 헌법 제36조 제2항은 '국가는 모성의 보호를 위하여 노력하여야 한다.'라고 규정함으로써 모성적 권리를 보장하고 있으나, 비혼모를 둘러싼 현실의 상황은 이러한 조항이 선언적 레토릭에 그치고 있음을 보여준다. 일반적으로 자기결정권이란 그 실현을 위한 물적 조건의 충족여부에 달려있다. 또한 모든 시민은 자기결정권 실현을 위한 기본적인 현실적 · 경제적 조건의 제공을 국가에 요구할 수 있으며, 이것이 바로 인권의 중요한 축을 이루는 사회권의 기본 개념이라 할 수 있다. 따라서 우리사회의 비혼모들이 임신 · 출산 · 양육에 대한 자기결정권과 모성권, 더 나아가 인권을 보장받을 수 있도록 구체적인 국가의 정책적 개입이 필요하다고 할 것이다.

둘째, 양육비혼모에 대한 사회적 개입 · 지원의 필요성은 또한 아동의 인권 · 복리차원에서 찾아볼 수 있다. 비혼모 자녀의 기본권 보장은 중요한 이슈임에도 불구하고 사회적 · 학문적 논의의 주요 대상에서 배제되어 왔으며, 이들의 권리보호를 위한 공적 지원체계는 매우 미흡한 실정이다. 실례로 유엔 아동권리위원회(UN Committee on the Rights of the Child)는 2003년과 2011년 두 차례의 권고안을 통하여 우리사회의 비혼모 자녀에 대한 공적 책임의 방기에 우려를 표명하기도 하였다. 최근 들어 비혼모 자녀의 보육시설 및 학교에서의 차별·부적응 등의 아동인권침해에 대한 논의도 시작되고 있지만, 비혼모 자녀의 기본적인 인권보장은 무엇보다 친모에 의한 직접양육에서 시작된다고 할 수 있다. 유엔의 인권협약 중 가장 많은 가입국을 가지고 있는 유엔 아동권리협약(UN Convention on the Rights of the Child)은 제7조에 '최우선적으로 아동이 친부모로부터 분리되지 않고 친가정에서 자라날 권리를 보호해야 한다'고 명시함으로써 친모에 의한 원가정 양육의 중요성을 강조하고 있다. 유엔 아동권리협약은 우리나라도 1991년에 비준하였기에 국내법적 효력을 가지며, 이에 따라 한국 정부는 미혼모의 아동이 원가정에서 친모에 의해 양육될 수 있는 환경을 구축해 줄 의무를 지닌다고 할 수 있다. 그러나 이러한 의무는 관련 법률에 아동권리를 단순히 적시하는 것만으로 수행될 수 없으며, 미혼모와 그 자녀가 함께 생활하는 것을 어렵게 만드는 다양한 어려움들을 구체적인 사회정책을 통해 적극적으로 해소함으로써만 완수될 수 있을 것이다.

양육미혼모에 대한 사회적 지원의 세 번째 의의는 이러한 인구집단의 지속적인 증가추세에서 찾을 수 있다. 자녀를 양육하는 미혼모는 꾸준히 증가해왔으며, 이와 같은 증가추세는 앞으로도 계속될 것으로 예상된다. 이는 정보통신 기술의 발달과 네트워크 사회의 도래로 말미암아 규범·의무보다는 자유로운 참여와 탈퇴가 가능한 인간관계가 부상함으로써 결혼과 가족의 근본적 구성방식에 중요한 변화가 발생하여, 우리사회에서 결혼이 갖는 제도적·규범적 상징성이 크게 약화되었기 때문이다. 뿐만 아니라, 여성의 노동시장 참여, 교육수준 및 전반적 의식 수준의 지속적 향상은 여성의 경제적·사회적 독립성을 신장시킴으로써 남성 배우자의 부재 속에도 모성을 실현할 기회 또는 가능성을 향상시키고 있기 때문이다. 반면, 이러한 미혼모가구의 증가를 인위적으로 억제하기 위한 정책적 노력은 성공을 거두기 어렵다. 실제로 1970~80년대 미혼모가구의 급격한 증가에 대응하여 미국정부는 결혼의 강화와 전통적 양부모가구의 유지에 초점을 둔 다양한 개혁들을 시도하였으나, 1990년대 이후에도 미혼모는 계속해서 증가하고 있는 것으로 보고되고 있다. 따라서 미혼모 가족의 증가를 억제하려 하기보다는 이를 사회경제적 변화에 따른 필연적인 가족 구조의 다양화로 수용하고, 경제적 빈곤, 차별 및 편견 등 그들이 직면한 어려움을 해소하는 데 보다 정책적 초점을 맞출 필요가 있다.

마지막으로, 양육미혼모에 대한 사회적 지원의 중요성은 실용적 측면도 포함하는데, 양육미혼모의 잠재력과 사회적 비용의 절약이 그것이다. 양육미혼모는 다른 복지수혜집단에 비해 임신·출산·영아 양육이라는 비교적 짧은 기간에 집중적인 도움을 필요로 하며, 상대적으로 젊고 성장과 교육의 기회가 필요한 대상이라는 특징을 가지고 있다(이미정, 2011; 김지혜, 2013). 따라서 이 시기에 집중적·체계적 지원과 서비스를 제공한다면 양육미혼모의 건전한 성장과 자립을 도모할 수 있을 뿐만 아니라, 그들의 잠재적 복지의존을 최소화함으로써 장기적으로 사회비용의 감소를 이끌어낼 수 있을 것이다.

3. 사회복지실천을 위한 방향

1) 한부모가족복지시설 지원

구 분	개정사유	2024년 개정 사항
시설 유형	유형개편 반영	–「한부모가족지원법」 개정에 따라 종전의 시설은 개정된 시설 유형으로 간주 미혼모가가족복지시설 기본생활지원형 ⇨ 출산지원시설 미혼모자가족복지시설 공동생활지원형(미혼모) ⇨ 출산지원시설 미혼모자가족복지시설 공동생활지원형(미혼모와 그 자녀) ⇨ 양육지원시설 ※ 양육지원시설 입소대상은 6세 미만 자녀를 동반한 한부모가족 모자가족복지시설 및 부자가족복지시설 ⇨ 생활지원시설 ※ 종전 '공동생활지원형' 시설은 2025.10.12.까지 입소 한부모가족 세대별로 독립된 생활실을 갖추어야 함 일시지원복지시설 ⇨ 일시지원시설 ※ 명칭변경
입소 기준	위기임산부 특례	– 24세 이하 위기임산부는 소득 수준에 관계없이 출산지원시설 입소 가능
시설 운영비	유형개편 반영	– 출산지원시설, 양육지원시설, 생활지원시설, 일시지원시설로 구분하여 지원단가 규정
	통합관리운영비	– 통합관리운영비 집행 범위 보완
	물가상승률 반영	– 전년 대비 평균 3.5% 인상

2) 비혼모자가족을 위한 시설 유형

시설 유형	2020년	2021년	2022년	2023년
합 계	124	122	121	121
출산지원시설	24	25	25	26
양육지원시설	41	39	38	38
생활지원시설	50	49	49	48
일시지원시설	9	9	9	9

시설 유형	시설수	입소대상 및 기능	입소기간 (연장가능기간)	입소 정원
출산지원시설	24	임신한 한부모와 출산 후(1년 이내) 한부모 및 그 자녀(3세 미만)에게 건강관리, 새로운 변화에 적응할 수 있는 서비스 집중 지원	1년 6월 (6월)	536명
	2	출산 후 해당 아동을 양육하지 아니하는 미혼모	2년(1년)	15명
양육지원시설	38	6세 미만 자녀를 동반한 한부모에게 자녀 양육 관련 서비스 집중 지원	3년(1년)	314 세대
생활지원시설	48	18세 미만[1] 자녀를 동반한 한부모가족에게 주거와 자립을 지원	5년(2년)	1,043 세대
일시지원시설	9	배우자의 학대로 인하여 아동의 건전 양육과 모 또는 부의 건강에 지장을 초래할 우려가 있는 한부모가족	6월(1년)	228명
한부모가족 복지 상담소	9	한부모가족에 대한 위기·자립상담 및 문제해결 지원	이용시설	

단, 한부모가족복지시설 입소대상자는 「한부모가족 지원대상자의 범위」에 규정된 소득인정액이 기준 중위소득 100% 이하인 가족으로 신청 절차는 「한부모가족지원법」 시행규칙 제3조의3에 따른 한부모가족증명서 발급 대상 선정 절차를 준용함

1) 취학 중인 경우에는 22세 미만을 말하되, 「병역법」에 따른 병역의무를 이행하고 취학 중인 경우에는 병역의무를 이행한 기간을 가산한 연령 미만을 말한다

- 다만, 소득인정액 변동사항을 정기적으로 점검하기 위해서 시설은 한부모가족의 건강보험료 납부확인서를 취합해서 시·군·구에 제출하면, 시·군·구는 건강보험료로 가구별 소득 기준 변동 사항 파악
- 이주 한부모(국적 무관)과 대한민국 국적의 자녀로 구성된 다문화한부모가족도 입소대상임
- 24세 이하의 위기임산부는 소득 수준 관계없이 출산지원시설에 입소 가능
  - 한부모가족복지시설의 경우 입소자의 소득 수준에 따른 혜택 및 적용 정책이 상이하여 "지원내용" 항목은 가급적 간결히 적시

  ☞ 각 시설 종사자는 시설 유형별, 입소자 특성별 제공되는 정부지원 사항 및 기타 지원 정보를 수시 파악하여 입소가정에 제공하고 지원 절차 등에 대하여 안내

  *국민기초생활보장(생계비 등), 저소득 한부모가족지원(아동양육비 등), 복지자금 융자[미소금융, 햇살론, 버팀목전세자금(국토교통부 및 지정 은행) 등], 임대주택 입주 지원, 보육 지원 등 국가 및 지방자치단체에서 지원하는 사항

(1) 출산지원시설 현황

(2023.12.31. 기준/개소)

계	서울	부산	대구	인천	광주	대전	울산	경기	강원	충북	충남	전북	전남	경북	경남	제주
26 (2)	7 (1)	2	1	1	1	1	1	4	1	–	1	1	1	1	1	2 (1)

* 괄호는 한부모가족지원법 제5조의2 후단(출산 후 해당 아동을 양육하지 아니하는 모) 시설

① 입소대상

다음 사항에 해당하는 임신·출산 및 그 출산 아동(3세 미만)을 양육하는 여성

- 한부모가족지원법 제4조 제1호의 모

※ 한부모가족지원법 제4조 제1호
- 배우자와 사별 또는 이혼하거나 배우자로부터 유기(遺棄)된 자
- 정신이나 신체의 장애로 장기간 노동능력을 상실한 배우자를 가진 자
- 교정시설 · 치료감호시설에 입소한 배우자 또는 병역의무 중인 배우자를 가진 사람
- 미혼자(사실혼 관계에 있는 자는 제외)
- 가목부터 라목까지에 규정된 자에 준하는 자로서 여성가족부령으로 정하는 자

- 혼인 관계에 있지 아니한 자로서 출산 전 임신부
- 혼인 관계에 있지 아니한 자로서 출산 후 해당 아동을 양육하지 아니하는 모(母)

※ 북한이탈주민정착지원사무소(하나원) 입소 여성, 한부모가족지원법상 소득기준 초과자*, 가정폭력피해 여성**도 포함

* 소득기준 초과자는 시설 정원의 10% 범위 내에서 입소 가능, 시설재정 상황에 따라 의료비 등 지원내용이 제한될 수 있음을 안내

** 가정폭력피해자의 경우 상담 등을 통해 피해 사실여부 확인 필요

※ 「2024년 한부모가족 지원대상자의 범위 고시문」에 따라 24세 이하의 위기임산부는 소득 수준 관계없이 출산지원시설에 입소 가능

※ 미취학 자녀를 양육하고 있는 미혼모의 경우 자녀와 동반입소 가능

② 입소기간

- 1년 6개월 이내로 하되 입소기간 연장기준에 부합될 경우 6월 이내의 범위 안에서 연장 가능

* 자녀를 양육하지 않는 미혼모의 경우 2년 이내로 시설 입소 가능하며, 자립준비 등 연장기준에 부합될 경우 6개월 미만의 기간을 단위로 총 1년 이내 연장 가능 (단, 시설 입소기간의 연장기준 사.에 해당하는 경우 지자체 승인 시 별도로 입소기간 연장 가능)

③ 지원내용

(가) 주거 및 식사 제공

(나) 분만의료 혜택

- 의료급여 대상자로 관리

- 「의료급여법」 제3조 제1항 제1호 규정에 따라 「국민기초생활보장법」에 따른 보장시설 지원 대상자로 관리

- 지역 내 병원·보건소 등을 지정하여 산전·분만·산후에 필요한 검진을 받을 수 있도록 함
- 임신 및 출산 관련, 분만을 위한 병원 진료, 진료를 위한 병원이용료로서 의료급여항목으로 적용되지 않는 사항에 대해 미혼모 특수치료비 지원
- 미숙아를 분만하였을 경우 「모자보건법」 제10조(임산부·영유아·미숙아 등의 건강관리 등)에 따른 의료지원을 받을 수 있도록 조치
- 모와 아이의 질병 진단·치료·입원, 예방접종비 등 건강관리를 위해 필요한 의료비

  ※ 의료급여 선정 이전 기간 및 비급여항목(「국민건강보험요양급여의 기준에 관한 규칙」 [별표2] 비급여대상 참고)에 대해 지원(세부내용은 제3장 한부모가족복지시설 입소자 상담·의료지원 내용 참조)
- 보장시설 수급자로 지정되었을 경우 해산급여, 장제급여 등 지급 가능

  ※ 미혼모 특수치료비와 해산급여는 별도임(중복지원 가능)

(다) 자립지원

- 직업교육, 학업지속(대안교육위탁교육기관 운영, 검정고시 등)
- 교양교육, 가사교육, 상담지도 등

(라) 자립지원 활동 중 양육공백 지원(시설 아이돌봄 서비스 지원)

(마) 기타 국가 또는 지방자치단체가 정하는 경비 지원(연계 또는 정보제공)

※ 시설 입소자 생계비 지원은 「2024년 국민기초생활보장사업안내(보장시설)」 참고

(2) 양육지원시설 현황

(2023.12.31. 기준/개소)

계	서울	부산	대구	인천	광주	대전	울산	경기	강원	충북	충남	전북	전남	경북	경남	제주
38	10	1	2	3	3	3	1	5	1	1	1	1	2	1	2	1

① **입소대상**

6세 미만의 자녀를 동반한 한부모로서 일정기간 주거와 자립지원을 필요로 하는 자

② **입소기간**

3년 이내로 하되, 입소기간 연장기준에 부합될 경우 6개월 미만의 기간을 단위로 최장 1년 범위 안에서 연장 가능

- 기간 연장 시 자녀 양육 계획 및 추후 자립계획을 파악하여 효과적인 양육 및 건강한 가족을 유지할 수 있도록 지도

③ **지원내용**

(가) 주거 등 생활 지원

(나) 자립프로그램 실시

- 직업교육 : 시설 내에 교육과목이 없거나 비효율적인 경우 외부 훈련기관을 활용, 양육교육, 가사교육, 교양교육, 상담지도 등

(다) 자립지원 활동 중 양육공백 지원(시설 아이돌봄 서비스 지원)

(라) 기타 국가 또는 지방자치단체가 정하는 경비 지원(연계 또는 정보제공)

※ 공동생활지원형 시설은 보장시설에서 제외되므로 급여 지급 시 참고

(3) 생활지원시설 현황

(2023.12.31. 기준/개소)

계	서울	부산	대구	인천	광주	대전	울산	경기	강원	충북	충남	전북	전남	경북	경남	제주
48	8	6	5	3	2	1	1	2	1	2	2	5	2	6	2	0

① **입소대상**

한부모가족지원법 제4조에 따른 모(母)로서 만 18세 미만(취학 시 만 22세 미만, 군 복무기간 가산)의 아동을 양육하는 무주택 저소득 한부모가족[한부모 성별(모; 母 또는 부; 父)에 따른 전용시설 입소]

※ 부자가족이 이용하는 생활지원시설에서 동반 여아(女兒)가 있을 경우 안전을 위한 상시 지원에 만전을 기하여야 함

출산지원시설 또는 양육지원시설 퇴소자 중 스스로 아동을 양육하는 미혼모

② **입소기간**

5년 이내로 하되 입소기간 연장기준에 부합될 경우 1년 미만의 기간을 단위로 최장 2년의 범위 안에서 연장 가능(단, 시설 입소기간의 연장기준 '사'에 해당하는 경우 지자체 승인 시 별도로 입소기간 연장 가능)

- 시설장은 기간 연장 시 현재까지 입소자의 자립성과 및 추후 자립계획을 살펴보고 효과적인 자립지원이 가능하도록 지도

※ 법 개정에 따라 입소 기간 동안 자녀 중 일부 아동의 연령이 「한부모가족지원법」상의 만 18세 미만(취학 시 만 22세 미만, 단, 군복무 후 취학 시 병역의무이행기간을 가산한 연령 미만)을 초과하더라도 연령초과 자녀를 제외한 나머지 가구원은 한부모가족 지원대상이므로 입소 기간 보장[단, 연령초과 자녀에 대해서는 지원대상 가구원에서 제외(지원 중단)하되, 시설 내 입소기간 보장]

③ **지원내용**

(가) 주거 등 생활지원

(나) 자립프로그램 실시

- 직업교육 연계, 양육·가사교육 등 자립준비 지원
  ※ 시설 내에 직업 교육과목이 없거나 비효율적인 경우 외부 훈련기관을 활용
- 교양교육, 상담지도 등

(다) 심리·정서적 전문상담 및 심리치료 지원

(라) 방과 후 아동지도, 아동급식비 지급

(마) 심리·정서적 전문상담 및 심리치료 지원

(바) 자립준비 활동 중 양육공백 지원(시설 아이돌봄 서비스 지원)

(사) 기타 국가 또는 지방자치단체가 정하는 경비 지원(연계 또는 정보제공)

※ 시설 입소자 생계비 지원은 「2024년 국민기초생활보장사업안내」(보장시설) 참고

④ **지역사회 유대 강화**

- 지역사회 민간단체·종교단체·기업과 결연사업을 추진하여 입소자의 편의

와 유대감 증진, 지역사회 자원연계 강화

- 시설의 놀이터, 운동장, 강당 등 문화·체육 부대시설을 입소자가 이용하는 데 지장을 주지 아니하는 범위 내에서 지역사회 주민에게 개방하여 운영 가능

⑤ 시설 설치기준 준수

「한부모가족지원법」 및 동법 시행규칙 개정에 따라 한부모가족복지시설을 설치·운영하려는 자는 시행규칙 별표2에 규정한 시설 유형별 설치기준을 갖추어야 함

※ 종전의 모자가족복지시설 자립지원시설, 모·부자가족복지시설 공동생활지원형은 시설 입소 한부모가족 세대별로 독립된 생활실을 갖도록 필요한 조치를 하여야 한다. (2025년 10월 12일까지)

(4) 일시지원시설

① 시설 현황

(2022.12.31. 기준/개소)

계	서울	부산	대구	인천	광주	대전	울산	경기	강원	충북	충남	전북	전남	경북	경남	제주
9	1	–	1	1	–	1	1	1	–	–	–	1	–	–	1	1

② 입소대상

- 배우자의 물리적·정신적 학대로 모(母) 또는 부(父)의 건강을 해치고 아동을 양육하는 데 지장을 초래할 우려가 있는 모(母) 또는 부(父)와 그 자녀[자녀 동반 없이 혼자 입소를 희망하는 모(母) 또는 부(父)도 가능]

※ 시·도는 부자가족이 이용 가능한 일시지원복지시설을 갖추도록 노력하여야 함

③ 입소기간

- 6월 이내로 하되, 입소기간 연장기준에 부합될 경우 6개월 미만의 기간을 단위로 최장 1년 범위 안에서 연장 가능

④ 지원내용

(가) 주거 및 식사제공, 생활보조금 지원(본 지침에 따름)

(나) 의료혜택 : 의료급여 대상자로 관리

- 「의료급여법」 제3조 제1항 제1호의 규정에 따라 「국민기초생활보장법」에 따른 보장시설 지원대상자로 관리

(다) 법률상담, 심리상담

(라) 퇴소 후의 자립을 위하여 시설 외 근로를 희망하는 경우 적극 지원

(마) 입소 사실에 대한 비밀보장과 특별지원

- 배우자의 면회 요청 시 입소자의 의사를 존중하여 면회여부 결정
- 면회실, 경비실 등을 설치하여 외부인의 위협으로부터 보호 조치

(바) 자녀의 방과 후 지도, 아동급식비 지급

(사) 기타 국가 또는 지방자치단체가 정하는 경비 지원(연계 또는 정보제공)

(아) 자립지원 활동 중 양육공백 지원(시설 아이돌봄 서비스 지원)

(자) 학령아동이 인근학교에 출석을 원하는 경우에는 관련 교육기관과 협의, 수업에 참가할 수 있도록 조치(시설입소자 아동의 전 · 입학 문제 등)

「초 · 중등교육법 시행령」 제21조 제6항, 제73조 제6항, 제89조 제5항, 「가정폭력방지법」 제4조의4 등 참조

시설입소증명 등 객관적인 소명자료를 구비하여 교육장에게 전 · 입학을 신청

※ 입소자 생계비 지원은 「2024년 국민기초생활보장사업안내(보장시설)」에 따름

(차) 주민등록표의 열람 또는 등 · 초본 교부제한 신청 가능

- 「주민등록법」 제29조(열람 또는 등 · 초본의 교부), 「주민등록법 시행령」 제47조의2(가정폭력피해자의 주민등록표 열람 또는 등 · 초본 교부 제한신청), 「주민등록법 시행규칙」 제13조의2 제6호

3) 한부모가족복지상담소(이용시설) 현황

(2023.12.31. 기준/개소)

계	서울	부산	대구	인천	광주	대전	울산	경기	강원	충북	충남	전북	전남	경북	경남	제주
9	3	–	–	–	–	1	–	2	–	2	–	–	–	–	–	1

(1) 이용대상

위기 · 자립 상담 또는 문제해결 지원 등을 필요로 하는 한부모가족

(2) 지원내용

한부모가족의 복지에 관한 상담 및 지도에 관한 사항
※ 각 지방자치단체 자치법규에 따름

4) 양육비 이행확보 지원서비스

(1) 대상 : '양육비 이행확보 및 지원에 관한 법률'에 따른 만 19세 미만 자녀를 양육하는 한부모

(2) 내용: 비양육부 · 모로부터 양육비를 지급받을 수 있도록 상담, 협의, 법률, 추심, 면접교섭 등의 서비스를 종합적으로 지원

(3) 지원기관: 양육비이행관리원(여성가족부 산하)

(4) 안내내용: 아동양육비 신청 시, '양육비 이행확보 지원 서비스' 내용 및 신청절차* 안내 후, 읍 · 면 · 동 행정복지센터(주민센터) 등에 비치된 서비스 신청서 교부

(5) 신청절차

지원 서비스별 제출 서류 안내	➡	구비서류 완비 후 등기우편 발송
첨부		제4편 각종서식 참조

참·고·문·헌

한국건강가정진흥원(2023). 양육비이행지급에 관한 사항. (검색일: 2024.1.11.)

여성가족부(2024). 한부모가족지원안내. (검색일: 2024.1.12.)

Chapter
09

학교 밖 청소년

1. 학교 밖 청소년의 발생원인과 실태
2. 학교 밖 청소년 vs 가정 밖 청소년
3. 청소년 정책과 사회복지 실천적 접근

1. 학교 밖 청소년의 발생원인과 실태

1) 학교 밖 청소년

'학교 밖 청소년'이란 초등학교부터 고등학교까지 해당하는 학령기 인구 중 학교에 다니지 않는 자를 뜻한다(여성가족부, 2021). 2021년 기준 국내 학교 밖 청소년은 145,818명으로 추정된다(한국청소년정책연구원 청소년정책분석평가센터, 2023). 그동안 학교 밖 청소년은 "학업중단(dropout) 청소년"으로 불리며, 학교를 자퇴하거나 미진학 또는 퇴학 및 제적 처분을 당한 비행 청소년 또는 중퇴자 등의 부정적 의미를 내포하는 이름으로 불리었다(김지혜, 2021). 특히 학교 밖 청소년이 사회적 쟁점이 되었던 이유는 청소년 시기 학교 중단이 청소년 개인의 사회 정서적 발달(예, 낮은 자아존중감, 높은 우울 및 불안 등; 박동진, 김나연, 2019; Liem, Lustig, Dilon, 2010)과 관련이 있을 뿐 아니라 사회 전체에도 영향을 준다는 연구결과의 영향이 크다(OECD, 2007). 학교 밖 청소년은 일반 청소년에 비해 담배 등의 물질 사용, 음주 관련 문제, 자살 행위 등 높은 위험 행동의 가능성 때문에 보건 및 사회복지에 대한 의존도가 높다고 알려져 있다(여성가족부, 2014).

학교 밖 청소년을 여성복지 영역에서 다루는 이유는 학령인구가 감소하는 가운데 적지 않은 수의 청소년들이 학교를 그만두고 있으며 지역사회는 가정 외의 가장 밀접한 환경으로 청소년들의 삶에 많은 영향을 주기 때문이다.

특히, 학교 밖 청소년의 규모 및 지역사회 지원에 관한 행정통계 및 자료 확보는 성인기 이행, 지역사회 지원에 있어서 중요한 대상이기 때문이다. 그리고 학교를 그만둔 것에 대한 학교 밖 청소년의 평가는 시기에 따라 또는 개인의 상황이나 욕구에 따라 다르게 나타날 수 있다.

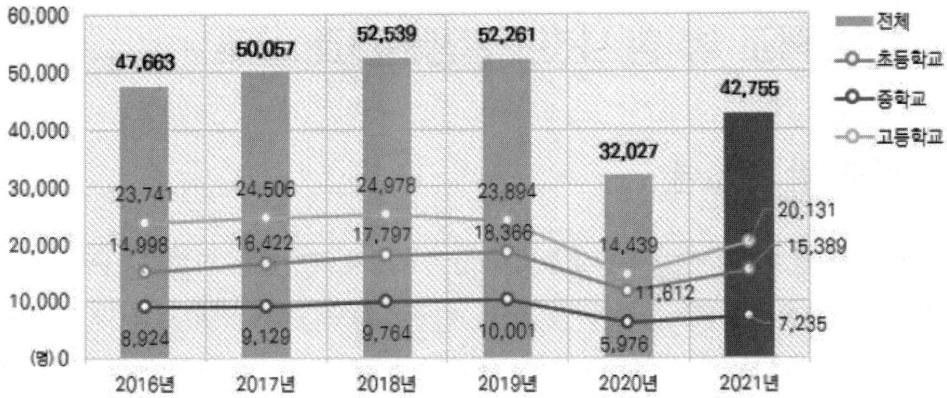

* 출처: 한국교육개발원 교육통계서비스: 학업중단현황. https://kess.kedi.re.kr/index에서 2022.11.08. 인출. 위의 링크에서 2016년부터 2021년 학업중단자 수 검색

| 그림 9-1 | 학교급별 학업중단 청소년 현황

| 표 9-1 | 2021년 학교 밖 청소년 현황

특성		사례 수 (명)	11세 이하 (%)	12~14세 (%)	15세 이상 (%)	평균연령 (세)
전체	소계	1,475	6.9	35.9	57.2	14.7
성별	남성	785	7.5	36.3	56.2	14.6
	여성	690	6.3	35.5	58.2	14.8
연령	9~11세	13	80.6	19.4	0.0	9.6
	12~15세	559	6.8	52.8	40.4	13.9
	16~19세	904	6.0	25.7	68.3	15.3
기관 유형	청소년 상담복지센터	212	6.9	38.0	55.1	14.6
	청소년 쉼터 및 자립지원기관	469	10.7	38.3	51.0	14.5
	학교 밖 청소년 지원센터	288	5.9	23.7	70.4	15.2
	소년원 및 보호관찰소	318	2.4	36.9	60.7	14.9
	아동보호전문기관	161	6.2	47.3	46.5	14.2
	기타	27	9.1	29.7	61.3	14.4

출처: 통계청. 학교밖 청소년 현황. (검색일: 2024.1.11.)

2. 학교 밖 청소년 vs 가정 밖 청소년

1) 학교 밖 청소년 vs 가정 밖 청소년

가정 밖 청소년은 가출청소년을 포함하여 다양한 이유로 가정에서 이탈하여 생활하는 청소년들이 성인기 이행 시 원가족의 지원을 받을 수 없는 점에 주목하여 이들의 가정 밖 생활실태와 건강한 사회구성원으로 자립하는 데 필요한 지원서비스에 대한 요구를 파악하는 것을 목적으로 한다. 또한 가정폭력, 학대를 포함한 이유로 가정에 복귀하지 못하고 자립할 수밖에 없는 상황에 처한 청소년들의 자립에 초점을 두고 이들의 성인기 이행 시 필요한 사회복지 차원의 지원서비스를 살펴볼 필요가 있다.

가정 밖 청소년의 경우 반복되는 가출로 인해 위험에 처할 수 있고 거리에서의 생활은 각종 위험이 산재 되어있는 가운데, 가출한 여성의 약 25%가 성매매 경험이 있는 것으로 보고되어(정혜원, 2011) 가출로 인한 조기 성경험과 성매매 위험이 우려되는 상황이다. 성경험과 성매매는 예상치 못한 임신과 출산으로 이어질 수 있다. 청소년들은 임신과 출산으로 인해 당장 학업을 중단해야 하거나 자신의 미래를 준비해야 하는 중요한 시기에 모든 것을 멈춰야 하는 상황에 몰리게 된다. 그로 인해 청소년기에 임신을 한 경우 대다수가 임신중절을 고려하거나 출산을 선택하더라도 입양을 보내는 경우가 많았다. 국가지원 증가에 따라 양육을 선택하는 청소년이 증가함에도 불구하고(이용우, 2017) 여전히 입양을 선택하는 경우가 대부분이다.

2) 가정 밖 청소년 vs 가정외 보호청소년

'가정 밖 청소년'이라는 용어와 관련하여 가정외 보호청소년과의 구분이 필요하다. 원가족에서 지원을 받기 어렵거나 방임이나 가정폭력 등을 경험한다는 공통점이 있다. 그러나 가정 외 보호청소년의 경우 원가정에서 생활할 수는 없지만 국가에서 운영하는 아동양육시설과 같은 대안 양육 체계에서 비교적 안정적으로 생활하고 있기에 가출청소년 혹은 노숙청소년과는 다르다(김희진 외, 2018). 가정 밖 청소년은 본래 가출 청소년이라는 용어로 사용되었으나 최근 인권위의 권고에 따라 가출청소년들이 가정의 방임이나 혹은 폭력 등 가정으로의 기능을 못하거나 자신을 지키기 위해 거리로 나왔음에도 불구하고 '가출청소년'이라는 용어가 주는 부정적인 이미지를 최소화하고자 '가정 밖 청소년'이라는 용어를 사용함을 권고하고 있다. 가정 밖 청소년들은 자신의 거주지를 노출시키지 않으려는 특성이 있고 가정 밖 생활을 하더라도 다시 가정으로 들어갔다 나오기를 반복하는 등 개인마다 가정 밖 생활 기간이 유동적인 특징을 가지고 있다. 주목할 점은 가정 밖 청소년들 중에는 폭력이나 갈등, 학대, 방임, 빈곤 등의 가정문제가 복잡하게 얽혀 있는 경우가 많아 가정으로부터 보호·지원을 제공받는 것이 불가능하고 되돌아가고 싶지 않은 곳으로 인식하는 경향이 강하다는 것이다(김은정 외, 2019). 부모는 자녀를 찾아 집으로 돌아오게 하려고 하지만, 자녀는 되돌아가고 싶지 않아 하거나 재가출을 반복하는 상황에서 거리엔 위험이 도처에 있기 때문에 아이들의 안전을 지키는 것이 가장 중요하다.

대다수의 가정 밖 청소년들은 가정문제를 비롯하여 가출을 전후로 열악한 생활환경에 지속적으로 노출됨으로써 학업이 중단되거나 어려운 경제적 상황을 경험하고 있는 것으로 나타났다(김희진 외, 2019). 경제적인 어려움을 경험하다 보니 준비되지 않은 상태에서 경제적인 자립이나 취업을 희망하고 있는 것으로 나타났는데 충분한 준비 없는 자립은 가정 밖 청소년들을 저숙련, 저임금, 고위험군 일자리에 머물게 함으로써 빈곤의 대물림을 경험하게 할 위험이 있다. 가정 밖 청소년의 일자리는 생존의 문제임에도 불구하고 시장에서 근로 청소년들의 노동착취를 방지하기 위한 제도적인 장치는 미미한 실정이다(정지은, 2022). 특히 여성 청소년들의 경우 노동시장에서의 열악한 위치, 이로 인한 불법 노동의 유혹 하에 남성 청소년들에 비해 경제적 활동을 하는데 있어 취약한 상황에 처하게 된다(김은정 외, 2019). 이러한 상황에서 해결되지 않는 빈곤의 축적은 빠른 성매매 유입의 원인이 되기도 하며 생존을 위한 선택으로 성매매에 쉽게 유입되기도 하는 것으로 나타났다(이춘화·조아미, 2004; 육혜련, 2017).

가정 밖 청소년의 경우 가정의 폭력이나 방임 등으로 인해 가출한 경우가 많고 원가정이 사실상 기능을 하지 못한다는 면에서 가정외 보호청소년과 유사한

부분이 많다.

3. 청소년 정책과 사회복지 실천적 접근

1) 실천 과제

의무교육단계 및 고등학교 단계, 미진학 학교 밖 청소년 개인정보의 꿈드림 연계 강화와 모니터링 체계를 구축, 은둔형 학교 밖 청소년 발굴 지원 체계 구축, 다문화-후기-저연령 학교 밖 청소년에 대한 정책대상 범위 확대, 진로미결정 및 학습 부진 청소년에 대한 지원 강화 교육 플랫폼 개발, 도농지역 꿈드림센터 연계를 통한 지역 격차 해소, 학교 밖 청소년의 요구뿐만 아니라 미래 수요에 기반한 직업훈련, 직업체험 기회 확대와 사회적 협동조합 등을 활용한 취업과 창원 지원 플랫폼 구축 등을 제안할 수 있다.

이러한 지원 내용과 학교 밖 청소년의 생애주기, 발달단계, 생태체계에 기반하여 [그림 9-2]로 제시하였다.

	학교를 그만두는 과정	학교를 그만둔 직후 단계	학교 밖 생활 적응 및 진로준비단계	성인기 이행
당면 문제	• 장기결석, 무기력 등 • 학교를 그만둔 이후의 계획이나 관련 정보 미흡 • 부모/또래와의 갈등 등	• 장래에 대한 불안, 우울 • 대인관계 스트레스, 은둔 • 막막함, 경제적 어려움 • 자원, 지원 결핍 등	• 진로미결정으로 갈피를 잡지 못함. • 진학/취업정보 및 준비에 대한 정보, 자원 부족 • 또래 관계/활동 기회가 없음	• 진로미결정 상태새로운환경(대학/직장)에서 의심리사회적 문제 • 지속 등(입대 등)
청소년 개인과 가족 체계 개입	• 장기결석 상담, 학업중단숙려제 과정의 꿈드림 조기 개입 • 청소년과 부모(보호자) 대상 상담지원(복교를 포함한 진로선택지/ 방법 안내) • 꿈드림센터를 포함한 지원체계에 대한 정보 제공 및 지원 사업 안내	• 청소년의 특성, 상황, 지원 욕구 파악을 위한 초기 상담 및 진단 • 심리정서적 지원/트라우마 치료 • 동기부여, 자신감 및 회복탄력성 증진 등(계속) • 가족지지체계 기능을 위한 부모(보호자) 대상 지원 • 학교 밖 청소년 지원 사업 안내, Out-reach, 방문상담 등	• 검정고시 준비 및 학습 지원 • 진로상담/전문적인 진로지도, 직업탐색 • 대학 진학 준비 청소년 지원, 청소년생활기록부 준비 • 취업 희망 청소년의 수요와 미래 전망 기반 자기주도적 직업훈련 인턴십 기회, 자격증 취득 지원 • 또래/사회적 관계 구축, 멘토링 지원, 다양한 활동 기회 제공 • 교통비, 경제적 지원 등	• 청년대상 정부지원 안내, 정보 제공 • 지속적인 사례관리 • 심리사회적 지지체계로 기능, 멘티/멘토 기회 제공 • 취약한 상황의 청소년에게 추가적인 직업훈련 등 계속 지원
지역 사회/ 지자체/ 정부 체계	• 지역사회 내 지원체계, 자원 탐색 • 학교 밖 청소년 지원 사업 홍보(이후 계속) • 학교 밖 청소년에 대한 낙인, 차별금지를 위한 사회적 인식 개선 노력(이후 계속)	• 학교, 교육청의 학교 밖 청소년 개인정보 연계 • 주민센터 포함 지역사회내 연계기관 통한 학교 밖 청소년 발굴 • 원스톱지원을 위한 협의체 운영 • 거주지역 특성을 고려한 센터 간 연계(도농 꿈드림 연계 등) (계속)	• 지역사회 내, 인근 지역의 취업/인턴십 가능 기관, 작업장 발굴, 연계 • 학교 밖 청소년의 대학진학 기회 확대 노력 • 자원 및 경제적 지원 연계 • 학교 밖 청소년 아르바이트 및 취업 시 차별 금지 및 부당 처우 대응 지원(계속)	• 청년대상 정부정책 탐색 및 자원 연계 • 지역내 취업/아르바이트 정보 제공 • 취업/아르바이트 과정에서의 부당 처우 대응 지원

| 그림 9-2 | 학교 밖 청소년종합지원방안

2) 정책과제

고용노동부는 노동자의 권익 보호, 양질의 일자리 창출뿐만 아니라 학교 밖 청소년이 대상이 될 수 있는 정책을 다음과 같이 제시하였다. 프로그램 지원, 지원금, 훈련금 등을 지원하는 청년내일채움공제, 다양한 청년 정책 관련 정보 및 취업역량 강화 프로그램을 제공하는 청년센터 등이 있으며 국민취업지원서비스, 중소기업탐방 프로그램 등 다양한 형태의 지원서비스를 포함한다(표 9-2 참고).

| 표 9-2 | 고용노동부의 청소년 관련 정책 및 프로그램

구분	사업 내용
청년내일채움공제	• 만 34세 이하의 정규직으로 신규 취업한 청년을 대상으로 지원금을 제공하는 사업
청년 구직 활동지원금	• 구직활동을 하고 있는 만18~34세의 미취업 청년들에게 취업준비에 필요한 비용과 심층 상담 등의 서비스를 제공하는 사업
청년센터	• 온라인 청년센터와 오프라인 청년센터 운영 • 온라인 청년센터(https://www.youthcenter.go.kr/main.do): 중앙부처 및 지자체 청년정책, 청년 공간 정보, 상담 서비스 제공 • 오프라인 청년센터: 취업역량강화 프로그램 제공, 청년 커뮤니티 활동 지원 등
국민취업지원제도	• 만 18~34세의 취업에 어려움을 겪고 있는 미취업자에게 취업상담, 직업훈련, 취업알선 등의 맞춤형 취업지원 서비스 제공
국가기간·전략산업직종 훈련	• 15세 이상의 미취업자를 대상으로 직업훈련이 필요하다고 판단되는 사람을 대상으로 국가기간·전략산업직종 훈련에 참여할 수 있게 훈련비 전액 지원
국민내일배움카드	• 취업에 필요한 능력을 익힐 수 있는 훈련에 참여하도록 국민내일배움카드를 발급하여 훈련비를 지원하고 훈련과정을 종합적으로 관리·지원하는 사업
청년취업아카데미	• 미취업자에게 산업현장에서 요구하는 맞춤형 교육과정을 제공하고 취업을 연계하는 등의 지원 제공(훈련비 전액지원)
일학습병행	• 입사 1년 이내의 신규 입사자 혹은 특성화고 및 대학 재학생을 대상으로 해당 직장의 직무 관련 교육훈련 프로그램 및 훈련비 등 제공
중소기업탐방프로그램	• 만15~34세의 미취업 청년들이 중소기업을 방문하여 시설견학, 현장체험 등의 프로그램에 참여하는 사업

* 출처: 고용노동부(2020). 한눈에 보는 청년고용지원정책의 내용 정리

주: 국민취업지원제도는 2021년 1월 1일부터 취업성공패키지 종료로 새롭게 시작된 사업으로, 고용노동부(2020)에는 국민취업지원제도가 아니라 취업성공패키지로 해당 사업이 설명되어있음.

정책 비전: 학교 밖 청소년의 건강한 성장·자립 구현

정책 방향

- ➢ 다양한 환경 속의 학교 밖 청소년에 대한 인식 개선
- ➢ 학교 밖 청소년 지원에 있어서의 국가와 지자체 책임 강화
- ➢ 학교 밖 청소년 발달단계 및 수요 맞춤형 지원
- ➢ 전인적 관점의 통합 지원
- ➢ 차별의 대상이 되거나 사회적 배제 없는 지원

정책영역	정책과제
1. 학교밖청소년 발굴체계개선	• 학교 밖 청소년 개인정보 연계 강화 • 학교 밖 청소년에 대한 조기 개입 체계 구축(학교, 지자체, 대안학교)
2. 학교밖청소년 인식및 차별개선	• 학교 밖 청소년 인식 개선 및 지원 기관·사업 홍보 강화 • 학교 밖 청소년 차별 금지 제도화
3. 지원전달체계 개선·재정비	• 학교 밖 청소년 부모(보호자) 대상 서비스 확대 • 학교 밖 청소년 지원체계의 인적·물적 인프라 개선 • 학교 밖 청소년 친화적 원스톱지원체계 및 지역사회 연계망 구축 • 지역에 따른 학교 밖 청소년 지원 격차 해소 및 도농 연계
4. 지원대상·범위 확대	• 은둔형 학교 밖 청소년 발굴·지원 체계 구축 • 학교 밖 청소년 대상 경제적 지원 확대(가정 밖, 사각지대 청소년) • 다문화·후기·저연령 학교 밖 청소년 지원 확대
5. 지원 프로그램·서비스개선	• 복합적인 취약상황의 청소년에 대한 전인적 관점의 지원제공 • 진로미결정 학교 밖 청소년에 대한 지원 강화 • 학습부진 학교 밖 청소년 대상 학습지원 강화 및 교육 플랫폼 개발 • 심리·정서·사회적 고위기 학교 밖 청소년 지원 강화 • 학교 밖 청소년 수요·미래전망 기반 자기주도적 직업교육·취업지원 • 대학 입학 심층 지원

| 그림 9-3 | 학교 밖 청소년종합지원 정책방안

3) 가정 밖 청소년을 위한 지원방안

(1) 가정 밖 청소년의 일상복귀

가정 밖 청소년의 임신과 출산은 청소년미혼모와 긴밀한 연관성이 있고 유사해 보이지만 그 안에서 분명히 차별화되는 지점이 있기에 이에 따른 각별한 주의가 필요하다. '아이를 키우려면 한 마을이 있어야 한다'는 속담처럼 한 아이를 키우는 데 있어서는 많은 것들이 필요한데 가정 밖 청소년의 경우 원가정 해체가 된 경우가 많고 가정이 제 기능을 하지 못하는 상황에서 청소년으로서 학업이 남아 있고 양육시설이나 그룹홈 등에서 지내면서 제대로 된 자립이 되지 않은 상황에서 아이를 출산하고 입양 보내는 일은 결코 쉬운 일이 아니다. 따라서 이들이 양육을 선택하든 입양을 선택하든지와 상관없이 가정 밖 청소년들의 일상을 송두리째 흔드는 임신, 출산, 입양 혹은 양육이라는 선택지 앞에서 각자에 맞는 선택을 하고 자신의 소중한 일상으로 잘 복귀할 수 있도록 청소년들을 도울 필요가 있다.

(2) 새로운 보호체계 마련

가정 밖 청소년들은 빈곤, 가정해체, 부모의 이혼과 별거, 방임 등의 이유로 원가정에서 생활하기 어려워 가출을 반복하거나 청소년쉼터 등 청소년복지시설에서 생활하기도 한다. 아동과 청소년들은 마땅히 부모의 사랑을 받으며 안정된 가정환경에서 자라고 건강하게 성장할 권리를 가지고 태어난다. 또한 거리에서의 생활이 지속되는 가운데 적절한 보호 체계의 도움을 받지 못할 경우 가정 밖 여성 청소년들은 임신과 출산, 입양이라는 겪지 않아도 될 경험을 하게 된다. 우리 사회는 더 이상 가출 청소년을 문제를 일으키는 비행 청소년으로 낙인을 찍기보다는 아이들이 가정의 보호를 충분히 받을 수 없는 경우에 기존 가정외 보호 체계와 쉼터 외에도 가정 밖 청소년들이 부모의 감시를 피해 보호 체계에 들어가지 않으려는 점을 고려하여 이들을 보호할 수 있는 비밀보장이 되는 새로운 형태의 보호 체계가 가정 밖 청소년들의 거리에서의 위험을 줄이는 데 도움이 될 것이다.

(3) 심리정서적 지원

원가정에서의 삶을 돌아볼 때 심리적 고통의 원인이 될 수 있는 가정폭력, 학대 및 방임, 경제적인 어려움 등에 노출된 경험 등은 아이들의 기억 속에 계속 남아 우울, 불안, 공격성 등의 심리적 문제로 나타나기도 함이 보고되었다(이정애 · 정익중, 2020; 안은미 · 정익중 · 이정애, 2019). 이렇듯 아동기의 부정적인 경험은 앞으로의 삶에도 지속적인 영향을 미치기에 중요하다고 할 수 있다. 가정 밖 청소년이면서 아동기의 부정적인 경험을 가지고 있는 경우가 많다. 즉, 취약성이 중첩되어 있었던 상황에서 보호체계는 아이들을 지원해줄 만큼 충분하지 않은 상황이다. 따라서 가정 밖 청소년으로서 사각지대에 있으면서 취약성이 중첩됨에도 불구하고 가정이 있다는 이유 하나로 아무런 지원을 받지 못하는 청소년들을 선제적으로 예방할 수 있는 보호 체계를 구축해야 할 것이다.

(4) 민관 협력체계 구축과 책무성 강화

민관 협력체계를 통하여 단 한 명의 곤경에 처한 가정 밖 청소년들도 놓치지 않을 수 있도록 공공과 민간의 협력관계 구축이 필요할 것이다. 다층적이고 통합적인 지원을 통해 가정 밖 청소년의 사각지대를 미연에 방지하고 자립을 할 때까지 폭넓은 이중 보호 체계를 통해 안전하고 건강하게 자립할 수 있도록 도와야 할 것이다. 또한 아이들이 골든타임을 놓치지 않고 청소년 쉼터 등의 복지시설이나 그룹홈 등의 시설로 가서 생활하고 거리에서의 생활과 위험이 길어지지 않을 수 있도록 경찰과의 협력을 통한 신속한 아웃리치(Out Research)도 중요하다고 판단된다. 가정 밖 청소년들은 초기 가출 시 거리에서 지내는 시간이 많아지기 때문에 경찰단계에서 조기발견이 가능하다. 이를 통해 사각지대에 놓인 청소년들도 '발견된 곳'에서 일시 보호를 포함한 보호조치가 이루어질 수 있도록 지자체의 책무도 강화해야 한다(김지연 외, 2018).

참·고·문·헌

권지성, 정익중, 박현선, 김아롱(2022). 국내 입양절차에 대한 맥락-패턴 분석. **한국사회복지학, 74**(3), 255-282.

김은정, 백혜정, 김희진(2019). 청소년복지시설 거주 가정 밖 여자 청소년들의 가출 실태와 자립지원 연구. **사회사상과 문화, 22**(4), 195-240.

김희진, 서고운, 조혜영(2022). 학교 밖 청소년 지역사회 지원방안 연구Ⅴ : 질적 패널조사를 중심으로. 한국청소년정책연구원.

박동진, 김나연(2019). 학교 밖 청소년의 사회적 낙인감이 우울에 미치는 영향에서 자아존중감의 매개효과. **한국청소년활동연구, 5**(3), 71-87.

안은미, 정익중, 이정애(2019). 우울이 청소년의 자아존중감에 미치는 영향: 가정외보호 여부와 또래애착의 조절된 매개효과를 중심으로. **학교사회복지, 45**, 209-230.

안재진, 김지혜(2006). 시설미혼모의 양육결정에 영향을 미치는 요인: 사회적 관계망의 영향력을 중심으로. **아동과 연구, 10**(4), 605-624.

여성가족부(2014). 청소년 정책리포트 제3호 학교 밖 청소년 사회적 비용 추계 연구. 여성가족부. https://www.ypec.re.kr/(검색일: 2024.1.12.)

여성가족부(2021). 학교 밖 청소년 규모 추정 및 인구 변화와의 연계성. 여성가족부. https://www.ypec.re.kr/(검색일: 2024.1.12.)

윤은영, 정익중(2023). 가정 밖 청소년의 자녀를 입양 보낸 경험. **청소년복지연구, 25**(2), 73-105.

이정애, 정익중(2020). 가정외보호 퇴소청소년의 건강 관련 경험에 관한 질적 사례연구. **한국아동복지학, 69**(1), 81-109.

이지원, 최지은, 김현경(2023). 학교 밖 청소년의 낙인감과 자기통제의 종단적 관계가 성인진입기 위험 행동에 미치는 영향. **한국청소년연구, 34**(4), 5-33.

Liem, J. H., Lustig, K., & Dillon, C. (2010). Depressive symptoms and life satisfactionamong emerging adults: A comparison of high school dropouts and graduates, *Journal of Adult Development, 17*, 33-43.

OECD. (2007). Education at a glance. https://www.oecd.org/education/skills-beyond-school/40701218.pdf

Chapter 10

여성 북향민

1. 북향민의 여성문제 인식
2. 여성 북향민의 현황
3. 북향민을 위한 사회적 지원

1. 북향민의 여성문제 인식

'북한이탈주민'이라는 용어에 대한 부정적 편견, 낙인을 해소하고자 '북향민'이라는 용어와 혼용하여 사용한다.

1) 여성 북한이탈주민(이하 북향민)의 증가

2022년 8월 통일부가 발표한 여성 북한이탈주민의 국내 입국추이를 보면 전체 33,834명의 입국자 중 여성은 24,356명으로, 여성 비율은 72%를 차지하고 있다. 북한이탈주민의 증가 및 여성의 증가에 따라 이들의 남한 사회적응에 절대적으로 필요한 직업생활이 중요한 사회적 문제로 대두되기 시작되었다. 인간이라면 누구나 일에 대한 욕구가 있으며 일을 통한 경제적인 소득을 획득하는 것과 동시에 자신의 존재 가치를 확인하고 사회의 한 구성원으로의 역할을 하기를 소망한다. 여성 북한이탈주민 역시 직업 생활을 통해 단순히 남한 노동시장에 진입하여 경제적 자립을 이루어가는 것뿐만 아니라 자신의 정체성을 확립하며 남한 사회의 주류사회 편입과 안정적인 정착을 하려는 욕구가 있다.

2) 남성 북향민과 비교할 때 경제활동 참가율 저조

북한이탈주민에게 남한 사회 직업 세계로의 진입은 결코 쉬운 것이 아니다. 2021년 북한이탈주민 정착 실태조사에 따르면, 응답자 26,693명 중 경제활동 참가율은 남성 73.9%, 여성은 57.4%로 나타났다. 여성 북한이탈주민의 경제활동 참가율이 저조한 것뿐만 아니라 임금수준, 퇴사율, 근속기간도 역시 낮게 나타났다. 특히 여성의 경우 남성과 비교해 '육아'를 이유로 퇴사한 비율이 8.4%로 월등히 높았으며 '개인 · 가족적 이유'도 여성은 11.4%로 남성 6.1%에 비해 높은 응답 비율을 보였다. 이는 남한 사회의 직업여건이 북한이탈주민 남성보다 상대적으로 여성에게 용의 하지 않을 가능성을 시사하는 결과이다.

여성 북한이탈주민은 북한에서 남한에 이르기까지 남성보다 더 높은 진로 장

벽을 경험하고 있으며 고용상태가 열악한 상황이다. 또한, 북한이탈주민 여성들이 직업 생활에서의 어려움으로는 '탈북자에 대한 편견, 나이, 업무 능력 부족, 직업역량의 부족, 일·가정 양립의 어려움'이 있으며, 일반 경력단절 여성들이 겪는 연령차별, 성차별까지 겪고 있다. 남한 사회에 자녀를 돌볼 가족이 없어 보육의 어려움도 함께 겪는 것으로 나타나고 있다. 그뿐만 아니라 젠더적 관점에서 여성 북한이탈주민의 취업을 저해하거나, 직업 적응저해 요인으로는 여성이라는 특수성, 즉 결혼, 출산, 자녀 양육, 탈북과정에서 심리적 외상 등 다양하고 복합적인 요인이 존재함을 알 수 있다. 직업 정체성 변화와 진로 선택과정에 따라 북한이탈주민 직업 활동에 영향을 미친다. 직업, 문화충돌과 이질적 문화, 작은 이직 등으로 직업 현장에서 어려움을 경험한다.

3) 지역과 민간 역할 부족

북한이탈주민을 위한 법률적 및 행정적 정착지원체계와 그에 기초한 정착지원제도는 이미 갖추어져 있다. 「북한이탈주민의 보호 및 정착지원에 관한 법률」[1](이하 「북한이탈주민법」 법률 제19279호.)이 존재하며, 중앙정부-지방정부-민간단체 간의 거버넌스로 구축된 지원체계가 있다. 남북하나재단과 지역적응센터에서 시행하는 각종 지원제도가 작동되고 있다. 3년마다 기본계획이 발표되고, 평가에 기초한 매해 시행계획이 세워지고 있다. 그러나 여전히 북한이탈주민의 욕구 해결은 더디고, 북한이탈주민 위기가구가 발생하며, 재입북 비율이상승하고 있는 상황이다. 특히 지역사회의 사회복지 전달체계가 통합적 관점에서 대응하여야 문제 해결이 가능한 탈북 위기가구 사망사건, 고독사 등이 발생하고 있다.

최근 중앙정부에 권한이 집중되는 방식으로의 북한이탈주민 정착지원이 아닌 지역과 민간부문 역할을 강화할 필요성이 제기되고 있다. 북한이탈주민 지원사업의 기민성과 밀착성 제고를 위해 기존의 중앙집중화된 지원체계의 문제점을 지적하고, 지방정부 및 민간단체 역할 강화 방향으로 개편하는 것을 제안하는

1) 제1조(목적) 이 법은 군사분계선 이북지역에서 벗어나 대한민국의 보호를 받으려는 군사분계선 이북지역의 주민이 정치, 경제, 사회, 문화 등 모든 생활 영역에서 신속히 적응·정착하는 데 필요한 보호 및 지원에 관한 사항을 규정함을 목적으로 한다(법제처 국가법령정보센터, 「북한이탈주민의 보호 및 정착지원에 관한 법률」).(검색일: 2024.1.12.)

것이다. 또한 지방자치단체와 민간의 협력을 강조하지만, 실제 법률상으로는 지방정부의 책무에 대한 언급이 없고, 남북하나재단과 지역적응센터의 명확한 관계 설정도 못 하고 있다고 지적한다. 지방과 민간의 역할로 눈을 돌리고 있는 방향 설정은 「제2차 북한이탈주민 정착지원 기본계획(2018-2020)」에서 '생활밀착형 탈북민 정착지원'을 강조하기 시작하고, 「제3차 북한이탈주민 정착지원 기본계획(2021-2023)」에서 '취약계층 생활밀착 서비스 확대'를 주요 분야로 설정했던 맥락과 유사하다고 볼 수 있다. 특히 2019년 7월 탈북민 모자 사망의 후속 대응으로 통일부는 유관부처와 함께 '탈북민 생활안정 종합대책'을 제시하였는데, 당시 지방자치단체와 하나재단의 역할 제고를 강조하면서, 그 방안으로 '지역사회보장협의체'에 하나센터장이 참여할 수 있는 근거 마련을 강조한 것도 같은 취지라고 할 수 있다. 북한이탈주민의 입국자 수가 최근 감소하고 있는 이 시기를, 중앙을 넘어 지역과 민간의 역할을 강화할 수 있는 체계 개편의 적기라고 주장되기도 한다.

4) 성 문제

북한이탈여성 폭력피해 및 지원방안 연구결과(2017)에서 북한에서 거주하는 동안 성폭력 피해 경험은 18.7%인데 비해 남한에서는 25.2%로 성폭력 피해를 경험한 것으로 북한에서 보다 남한에 거주하는 동안 성폭력 피해경험이 높은 것으로 조사되었다. 북한이탈 여성의 성에 관한 인식 자체가 다소 낮은 것으로 보여진다. 북한이탈 여성 361명을 대상으로 성평등 의식, 성인지에 관한 연구를 수행한 박현숙(2018)은 성교육을 받은 경험이 없거나 의사소통의 문제 등 남한 사회에 적응하기 힘든 현실을 보고하였다. 그리고 북한이탈여성이 남한사회에서 문화수용에 초점을 둔 이규범 연구(2023)에서도 성폭력 경험이 문화수용에 영향을 미치는 것으로 나타났다.

2. 여성 북향민의 현황

북한이탈주민 입국현황은 북한이탈주민으로서 국내 입국한 인원을 말한다. 국내에 입국한 시점을 기준으로 집계한 결과는 〈표 10-1〉, [그림 10-1]과 같다.

북한이탈주민은 북한에 주소, 직계가족, 배우자, 직장 등을 두고 있으나 북한을 벗어난 후 외국의 국적을 취득하지 아니한 사람(북한이탈주민의 보호 및 정착지원에 관한 법률 제2조)이다. 북한이탈주민은 1990년 중반, 북한의 식량 사정 악화로 꾸준히 증가하기 시작했다. 2002년 1,000명을 넘어선 이래 2006년에는 2,000명, 2007년에는 총 입국자 수가 1만 명을 넘어섰다. 2005년 이후 지속적으로 증가추세를 유지했으나, 2012년 이후부터는 입국인원이 감소했다. 2020년은 코로나 19로 인한 북중 국경통제, 제3국에서의 이동 제한 등의 영향으로 입국인원이 다소 감소한 것으로 추정한다(통일부, 2023).

특히, 북한이탈주민 여성의 입국비율은 꾸준한 증가추세를 보이다가 2002년 기점으로 남성 비율을 넘어서 전체 약 72%를 차지하고 있다. 현재 정부는 외국에 체류하고 있는 북한이탈주민이 한국행을 희망하는 경우, 인도주의와 동포애 차원에서 전원 수용한다는 원칙하에 국내법과 UN 난민 협약 등 국제법에 부합되게 이들을 보호 수용하고자 노력하고 있다.

| 표 10-1 | 연간 북한이탈주민 입국인원 현황

연도	2011	2014	2017	2020	2023
인원(명)	2,706	1,397	1,127	229	196
남성	795	305	188	72	32
여성	1,911	1,092	939	157	164

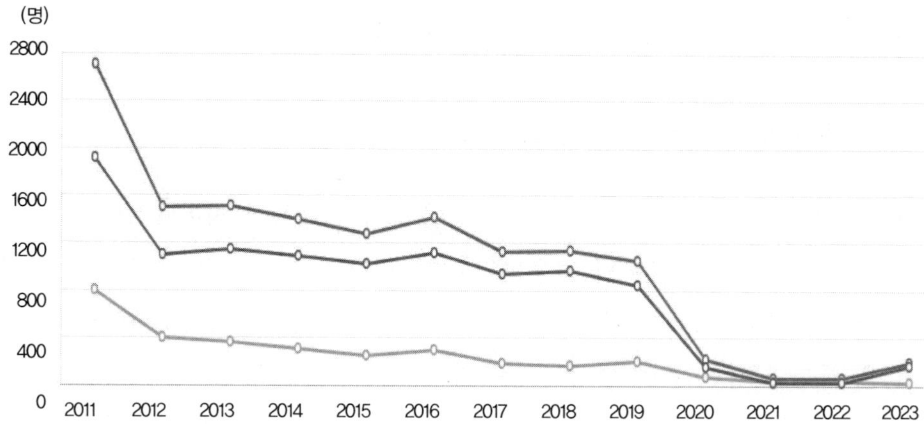

| 그림 10-1 | 연간 북한이탈주민 입국인원 현황

출처: 통일부(2023). 탈북민(북한이탈주민) 생활안정 종합대책 수립 보고서.

3. 북향민을 위한 사회적 지원

1) 법률적 한계 극복

북한이탈주민을 대상으로 한 가장 대표적인 사회경제조사인 '정착실태조사'에 따르면, 북한이탈주민 응답자들 중 21.9%는 취·창업을 선택하였고, 의료 지원 18.7%, 주택 지원 13.3%, 교육지원 13.2%, 소득 지원 12.1%의 순이었다. 이러한 욕구를 해결하기 위한 법률, 시행령, 시행규칙 등이 갖추어져 있지만, 기존 연구들은 여전히 북한이탈주민의 정착과 적응 차원에서 법률적 한계가 있다고 지적해 왔다.

현행 법률은 적용대상 측면에서, 외국 국적 불인정 및 3국 출생 자녀의 배제, 학력 및 자격에 대한 제한적 인정, 급여내용 측면에서, 북한이탈주민 보호기간의 제한과 소득보장 수준의 낮은 적절성, 권리구제 측면에서 이의신청 등 절차적 구제절차의 미비라는 법적 문제가 있다. 또한 법률은 근로능력의 유무에 따른 차등지원, 생활보호, 5년의 제한적 지원기간 등의 전근대적인 공공부조 접근방식으로 사회보장기본권 차원에서 문제를 내재하고 있다.

2) 법 자체에 대한 지식 교육 확대

한편 북한이탈주민은 남한 주민과 달리 법 자체에 대한 지식이나 인지가 낮다고 평가되기도 한다. 법체계나 법문화의 남북 차이로 범죄피해나 범죄발생에 대한 법지식이 현저하게 낮은데, 형사사법에 관한 기초적 상식, 성폭행 · 가정폭력과 같은 폭행과 상해 관련 지식이 부족하여, 이로 인해 범죄피해를 경험하거나 범죄를 저지를 위험이 있다. 그것은 수직적 집단주의라는 사회주의 체제하에서 성장해 온 배경으로 인해서, '법의 무지' 상태에 놓여있다고 볼 수 있기 때문이다. 또한 가부장적 또는 유교주의적 문화의 영향으로 인해, 전근대적 성별 질서에 노출되어 있기도 하다. 대표적으로 젠더주류화(Gender mainstreaming) 전략 또는 몰젠더성으로 인해, 탈북민 여성 및 전체 집단에 미친 부정적 영향은 탈북과정에서부터 정착과정에 이르기까지 지속되었으며, 인신매매, 성폭력, 젠더 불평등, 노동과 돌봄 영역에서의 성차별을 낳았다고 보고된다.

3) 심리안정 및 자립지원

2010년 9월 27일에는 「북한이탈주민의 보호 및 정착지원에 관한 법률」이 개정되어 북한이탈주민지원재단 · 북한이탈주민 예비학교 설립, 취업지원 강화방안 등의 내용이 포함되었고 지속적으로 진행할 필요가 있다. 북한이탈주민정착지원사무소(제2하나원) 시설을 확충하고, 교육프로그램으로 여성특화교육을 강화하고 심리안정 및 건강회복 지원을 강화하고자 노력하고 있다. 그들의 조속한 자립 · 자활을 지원하기 위해 북한이탈주민이 가장 큰 애로를 호소하는 취업문제 해결을 위해 노동부 · 기업 등과 유기적 협력관계를 구축하고 '북한이탈주민 일자리 창출 사업'을 진행하고 있다. 또한 북한이탈주민 자산형성지원, 취업 · 교육 등 실태조사 근거마련, 기본계획(3년 주기) 신설, 자산형성제도 도입, 창업지원 신설 등을 통한 자립에 도모해야 한다.

참·고·문·헌

관계부처합동(2018). 제2차 북한이탈주민 정착지원 기본계획(2018-2020). 관계부처합동, 2018, 16면.

관계부처합동(2021). 제3차 북한이탈주민 정착지원 기본계획(2021-2023). 관계부처합동, 2021, 24-25.

국가법령정보센터 자치법규시스템, https://www.law.go.kr/ (검색일: 2023.12.31.)

권숙도(2023). 적극적 사회통합을 위한 북한이탈주민 정책 전환 방안. **국제정치연구**, 26(1), 145-173.

권진아, 최설(2022). 북한 여성 및 인권 연구를 위한 연구 방법론 고찰. **아시아여성연구**, 61(1), 55-86,

김경연, 황국명(2022). 경계에서 이야기하기 - 탈북여성의 자기서사와 '다른' 고백의 정치. **코기토**, 97, 89-128

노동영(2018). 북한이탈주민의 법교육에 관한 법정책적 소고. **법과정책연구**, 18(3), 217-233.

문은희, 윤영(2022). 한국정부의 보호 및 정착지원에 대한 북한이탈여성의 경험 연구 -합의적 질적 연구방법을 바탕으로-. **인문사회과학연구**, 65(2), 5-50

문인철, 송미경(2023). 서울시 북한이탈주민 지원정책 개선 방향. **정책리포트**, 377(377), 1-23.

민기채(2023). 북한이탈주민 정착지원 조례 비교 연구. 통일과 법률, 56, 77-103.

법제처 국가법령정보센터,『북한이탈주민의 보호 및 정착지원에 관한 법률』. (검색: 2024.1.12.)

자치법규정보시스템, https://www.elis.go.kr/ (검색: 2024.1.11.)

전호성(2018). 통일대비, 사회보장권적 기본권차원의「북한이탈주민의 보호 및정착지원에 관한 법」에 대한 문제제기－법 제26조항을 중심으로－. 사회복지법제연구, 9(3), 133-155.

통일부(2019). 탈북민 모자 사망 관련, 탈북민 생활안정 종합대책 수립 보도자료. 2019.9.2, 1-2.

통일부(2023). 탈북민(북한이탈주민) 생활안정 종합대책 수립 보고서.

하영지, 김성우(2022). 하나원 교육 교재의 개선을 통한 북한이탈주민 교육 경험의 향상. **한국디자인리서치**, 7(1), 325-337.

Chapter
11

다문화가족의 여성

1. 다문화가족의 현황
2. 다문화가족의 문제와 해결방안
3. 다문화가족지원정책과 사회복지서비스

1. 다문화가족의 현황

1) 결혼이주여성과 다문화가족의 경계

결혼이민자의 수는 꾸준히 증가추세를 보이고 있고 2006년 93,786명에 서 2010년에는 141,654명으로 증가하였고, 2023년 3월 말 기준으로 171,751명으로 지속적으로 늘어나고 있다(법무부, 2023). 그 중 여성결혼이민자의 수는 137,938명으로 전체 결혼이민자의 80.3%를 차지한다.

그러나 현재까지 이주여성이라고 지칭되는 결혼이민자 여성, 다문화가족에 집중되어있다. 결혼이민자는 체류외국인 중 국민의 배우자 체류 자격을 가진 자로, 「재한외국인 처우 기본법」 제2조 제3호에서 결혼이민자 혹은 국적법 제4조에 따라 귀화허가를 받은 자 등이다. 그들은 「다문화가족지원법」 제2조 제2항에 지원이 가능한 대상자이다.

결혼이민자 여성에 대한 성인지적 접근에서는 우리나라에서 1990년대 이후 급격하게 증가한 결혼이주 현상을 '이주의 여성화'라는 전 지구적 맥락 안에서 바라보면서 여성의 존재와 노동이 국제적 차원에서 재편되는 현상에 주목한다(송다영 외, 2019).

일부를 제외하고 여성의 이주방향은 가난한 국가에서 부유한 국가로 향하는 경향을 보인다. 이는 남성 우위의 가부장적 권력관계 안에 편입될 수밖에 없는 구조이다(Constable, 2005). 즉, 빈곤국의 여성이 경제적 동기, 새로운 삶의 기회에 대한 욕망이 결혼에 개입되는 것으로 이주여성들의 정체성에는 결혼과 노동, 이주가 복합적으로 얽혀 있다고 볼 수 있다.

이주여성이 결혼을 통해 외국에 정착하는 과정을 이주를 가능하게 하는 국가의 이민제도와 법, 국가의 이해관계 등이 복합적으로 상호작용한다. 여성의 이주는 외국인 여성과 남성의 만남이라는 개인적이고 자발적인 과정이 아니라, 각 행위자를 연결하는 이주체제, 이주제도, 개별 이주자라는 세 가지 차원의 문제를 포괄한다(Kofman, Phizacklea, Raghuram & Sales, 2000).

한국의 이민정책은 여성이 한국 남성과의 결혼을 목적으로 개별적인 법적 권리를 보장받기보다는 남성들의 배우자, 피부양자로서 위치를 통해 이주를 허용하며 유교적 가족주의에 순응하는 경우에 한하여 정착이 가능하다. 이는 가부장적 특성이라고 할 수 있다.

2) 이주여성이 유입되는 과정

한국은 1990년대에는 배우자를 구하기 어려운 농촌 남성들의 결혼을 위해 지방자치단체 차원에서 외국 여성과의 결혼을 추진하기 위해 시작되었다. 이 시기에는 행정주도형 국제결혼이 장려되었다. 하지만 1990년대 이후에는 베트남, 필리핀, 태국 등 노동 송출국은 노동력 송출을 통해 외화를 획득하고자 하는 전략이 강화되었는데 가난하고 교육을 받지 못한 농촌 여성들이 가장 쉽고 '처분 가능'한 인력으로 활용되기 위한 방안이 한국 남성과의 결혼이었다.

2000년대 이후에는 외국 여성을 결혼시장에서 불리한 위치에 있는 남성들의 결혼과 저출산 문제라는 사회적 의제를 해결하고자 불법적인 국제결혼중개업을 묵인하였다. 이처럼 산업화된 이주과정은 결혼과정에서 당사자 간의 친밀성, 유대보다는 경제적 이해관계와 불안정성이 자리 잡도록 만든다.

3) 다문화가족 실태

다문화가족 또는 결혼이민자 여성의 증가를 3단계로 나누어서 살펴볼 수 있다. 1단계는 중국과의 국교를 기점으로 조선족 여성들이 유입된 시기(1990년대), 일본 및 필리핀, 2단계는 중국의 한족 여성들이 특정 종교의 신도로 일부는 보다 나은 삶의 조건을 찾아 결혼한 시기이다. 3번째는 2000년대 이후 필리핀, 베트남 등을 중심으로 동남아여성들이 결혼중개업체를 통해 대거 입국한 시기이다. 이때 입국한 여성은 한국인 남성과의 연령 차이가 최소 10년, 최대 20년에 이르기도 한다. 통계청의 혼인통계 결과에 의하면 다음과 같다.

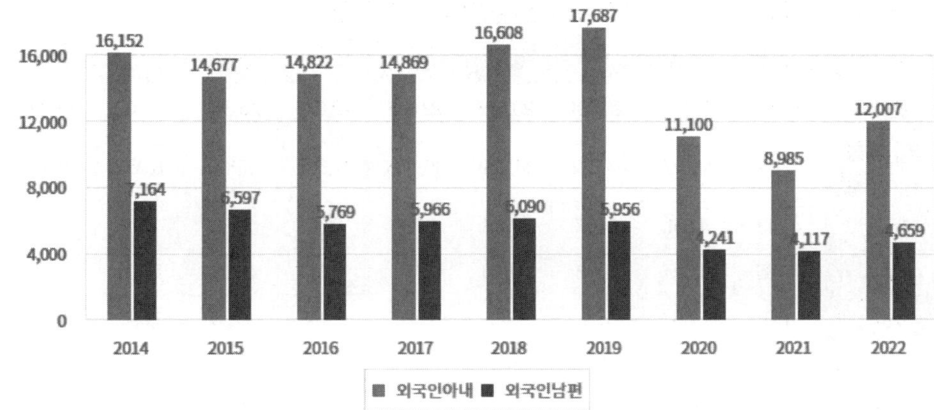

| 그림 11-1 | 국내결혼 현황

혼인건수는 외국인과의 혼인은 전년대비 27.2%(4천 건) 증가하였다. 전체 혼인 중 외국인과의 혼인 비중은 8.7%로 전년보다 1.9% 증가하였다. 외국인 아내의 국적은 베트남(27.6%), 중국(19.0%), 태국(16.1%) 순서로 나타났다.

| 표 11-1 | 다문화 가구, 가구원, 외국인(결혼이민자) 현황

연도	2014	2015	2016	2017	2018	2019	2020	2021	2022
건수	23,316	21,274	20,591	20,835	22,698	23,643	15,341	13,102	16,666
한국 남성 +외국 여성	16,152	14,677	14,822	14,869	16,608	17,687	11,100	8,985	12,007
베트남	4,743	4,651	5,377	5,364	6,338	6,712	3,136	1,319	3,319
중국	5,485	4,545	4,198	3,880	3,671	3,649	2,524	2,426	2,282
태국	439	543	720	1,017	1,560	2,050	1,735	1,589	1,932
미국	636	577	570	541	567	597	432	457	600
일본	1,345	1,030	838	843	987	903	758	723	599
필리핀	1,130	1,006	864	842	852	816	367	260	509
캄보디아	564	524	466	480	455	432	275	137	422
기타	1,810	1,801	1,789	1,902	2,178	2,528	1,873	2,074	2,344

출처: 통계청(2023). 2023년 다문화인구동태통계

| 표 11-2 | 외국인 입국 현황별 사항

		2023								
		계	비전문 취업	방문 취업	전문 인력	유학생	재외 동포	영주	결혼 이민	기타
이민자	계	392	18	38	8	10	170	66	14	69
	남자	202	9	23	2	6	80	31	8	43
	여자	190	9	15	6	4	90	35	6	26
외국인	계	384	18	38	8	10	168	63	11	69
	남자	198	9	23	2	6	79	30	7	43
	여자	186	9	15	6	4	89	33	4	26
귀화허가자	계	8	0	0	0	–	2	3	3	0
	남자	4	0	0	0	–	1	1	1	0
	여자	4	0	0	–	–	1	2	1	0

출처: 통계청(2023). 2023년 다문화인구동태통계.

2. 다문화가족의 문제와 해결방안

1) 다문화가족의 현실적인 문제

여성결혼이민자는 언어 차이로 인한 의사소통의 어려움, 문화적 차이로 인한 혼란, 사회적 편견, 남편이나 시어머니와의 갈등, 정보격차로 인해 발생하는 사회적 활동의 부족 등 어려움이 발생한다. 그중에서도 특히 자녀양육과 관련된 문제들이 부각되고 있다. 2018년 다문화가족실태조사 분석결과에 의하면 학령기 자녀를 둔 여성의 경우 87.2%가 학부모로서 어려움을 겪고 있다고 응답하였다(통계청, 2019). 여성결혼이민자들은 이주와 동시에 바로 임신과 출산을 경험하기 때문에 문화적응 시기와 양육 시기가 겹쳐 이중고를 겪는다.

한국문화에 대한 이해부족과 언어소통의 어려움을 겪고 있는 현실에서 여성결혼이민자들은 자녀에게 필요한 학습지원과 정서적 지지를 적절히 제공하기 어렵다. 이러한 자녀양육에 대한 부담감은 스스로는 물론 자녀에게도 부정적인 영향을 미치는 것으로 알려지고 있다(김순옥 · 김현숙, 2016). 이처럼 어머니의 양육부담감은 부정적인 양육행동으로 이어지므로 양육부담감을 감소시킬 수 있는 방법을 마련할 필요가 있다.

2) 문화 차이에 따른 양육행동 문제 발생

문화적응이란 서로 다른 문화를 가진 개인 혹은 집단이 직접적이고 지속적인 접촉을 가질 때, 한쪽 혹은 양쪽의 본래 문화패턴이 변화되는 현상을 의미한다(Berry, 2008). 다문화사회에서 양육효능감은 특정 문화권 내에서 부모역할 수행에 대한 평가이자 동시에 문화적응의 지표로 고려된다(임은의, 2020). 여러 선행연구에서 여성결혼이민자의 문화적응과 양육효능감의 관계를 다루었다(한지은, 2007). 또한 여성결혼이민자들이 주류문화에 적응하는 유형에 따라 부모역할을 수행하는 데에 차이가 나타남을 보여주었다. 문화적응 유형 및 그 정도에 따라 다문화가정 어머니의 양육행동에 차이가 나타나고 문화적응에서 받는 스트레스는 부모

역할 효능감에 부적영향을 미친다(전보영, 2012). 이민자부모의 높은 수준의 문화적응은 긍정적인 양육행동을 이끌어내며 결과적으로 강한 부모역할효능감을 준다(Costigan & Koryzma, 2011). 그러므로 여성결혼이민자의 양육효능감을 향상하기 위해서는 문화적응 유형을 함께 고려하는 것이 필요하다.

3) 다문화가족 지원정책의 제정 근거와 한계점

다문화가족 지원정책은 2006년 4월 국정과제 회의에서 범정부 차원의 '여성결혼이민자 가족 사회통합 지원대책'을 수립하고 추진하기 시작한 이래, 2007년 12월 여성가족부 가족통합팀 신설로 중앙부처 차원의 다문화가족 업무 전담 부서가 설립되었다. 2008년 3월 보건복지가족부의 다문화가족과에서 전담하여 추진하기 시작했다. 현재 정부의 다문화가족 지원사업은 여성가족부를 주무 부서로 하고, 다문화 가족지원 센터를 서비스 전달체계로 하여 다문화가족을 위한 복지 서비스를 제공하고 있다. 다문화가족이 가진 특수하고 복합적인 특성과 잠재적인 문제로 말미암아 정부의 여러 부처에서 다양한 측면으로 다문화가족 관련 지원사업이 이루어지고 있다. 법무부에서는 외국인 정책을 총괄하고, 여성가족부에서는 다문화가족 지원을, 노동부에서는 외국인 노동자 정책을, 그리고 교육과학기술부에서는 다문화가족의 학교교육을 지원하고 있다. 중앙정부와 방향을 같이하면서도 지자체마다 각 시. 도, 시. 군. 구 단위로 다문화가족 지원사업을 직접 다양한 방식으로 수행하고 있는 실정이다.

이와 같은 다문화가족에 대한 범정부적 차원의 정책은 긍정적으로 평가될 수 있으나, 이제까지의 다문화가족을 위한 지원정책에서는 다음과 같은 많은 한계점을 드러내고 있는 것으로 나타났다(여성가족부, 2023).

① 첫째, 다문화가족을 위한 정책과 서비스의 내용에 있어서 정책 대상이 결혼이민자 여성 개인에게만 치중되어 가족 전체를 대상으로 한 통합적 정책이 미흡하며, 서비스 내용이 한국어교육에만 집중되어 지역. 출신국별의 다양한 욕구를 반영하기에 부족하다. 특히 지원의 성격이 일시적인 시행성지원에 집중되어 있다.

② 둘째, 사업 추진체계 면에서 여러 가지 문제점을 노출하고 있는 것이 한계로 지적되고 있다. 구체적으로 중앙부처와 지자체 차원의 다문화가족 지원 사업이 중복 시행되거나 단편적으로 집행되고 있다. 또한, 정부부처 내 사업 간의 연계가 미흡하고, 지자체에는 전담조직이 없거나 담당 인력의 전문성 부족 등 사업 추진체계가 미숙하다고 할 수 있다. 덧붙여 다문화 가족 지원을 위한 서비스 전달 체계가 아직 분산적이고 지역적 격차가 심해 지역. 서비스별 사각지대가 있다고 할 수 있다.

③ 셋째, 사회 전반적인 여건이 미숙하다는 점이다. 즉, 결혼이민자와 다문화 사회에 대한 사회 전반적인 인식이 여전히 부정적이다. 사실상 다문화 사회로 진입하는 시점에서 우리 사회는 무엇보다 다문화를 존중하는 국민 의식이 필요하며, 결혼이민자와 같은 다른 민족, 다른 인종에 대한 편견을 불식하는 것이 필요하다.

4) '생애주기별 맞춤형 서비스'

다문화가족 지원 관련 현황과 지원정책의 한계점을 고려하여, 여성가족부는 정책과제로 '생애주기별 맞춤형 서비스'를 제시하기에 이르렀다.

(1) 생애주기별 맞춤형 서비스의 기본방향

다문화가족을 위한 가족교육. 상담. 문화 프로그램 등 서비스 제공을 통해 결혼이민자의 한국 사회 조기 적응과 다문화 가족의 안정적인 가족생활 지원이다. 이러한 생애주기별 맞춤형 서비스 정책 과제를 근간으로 하여 다문화 가족지원센터를 비롯한 관련 기관의 다문화가족을 위한 사업 방향을 정하고 있다.

① 국제결혼 과정의 인권보호와 교육 프로그램 시행
② 결혼이민자의 조기 적응과 안정적 생활지원
③ 다양한 매체를 통한 한국어교육
④ 위기개입 및 가족통합교육

⑤ 다문화가족 자녀의 양육. 교육지원
⑥ 결혼이민자의 경제. 사회적 자립 지원
⑦ 대국민 인식개선과 홍보
⑧ 다문화가족 실태조사

3. 다문화가족지원정책과 사회복지서비스

1) 역량강화

결혼이민자 여성의 자녀 교육지원 과정에서의 역량강화를 위해 노력하여야 한다. 그러나 이는 여성결혼이민자와 다문화가족의 노력만으로는 해결될 수 있는 문제가 아니다. 여성결혼이민자의 자체적 노력과 가족 차원의 변화, 나아가 사회적 지지가 함께 제공될 때 비로소 해결이 가능하다. 여성결혼이민자는 교육제도와 교육문화에 대해 꾸준히 관심을 갖고 자녀의 학교생활과 관련된 역량을 키워야 하는 한편, 정부나 지자체 차원에서도 이들의 활동 기회를 확대하고 자조모임을 활성화하는 등 통합적인 사회적 서비스를 제공하여야 한다.

2) 통합적인 접근과 지원방안 모색

결혼이민자 여성의 양육효능감 향상을 위해 문화적응, 교육지원활동을 동시에 고려한 통합적인 접근과 도움이 이루어져야 한다. 또한 양육효능감과 자녀 교육지원 활동 지원에 있어서 여성결혼이민자의 문화적응 유형을 파악한 후 맞춤화된 접근이 필요하다. 문화적응 유형별로 자녀교육지원 정도와 양육효능감이 다르게 나타나기에 수준별 맞춤형 부모교육 서비스를 확대해 교육제도에 대한 지식과 정보를 지원하고 나아가서 양육효능감을 높일 수 있는 방안을 모색하여야 한다. 즉 여성결혼이민자의 양육효능감을 향상시키려면 문화적응 유형에 대한 고려와 함께 자녀 교육지원활동 지원이라는 두 가지 전략을 동시에 추진해야 한다는 것이다.

참·고·문·헌

강만철 · 이숙자(2017). 여성결혼이민자의 자아존중감이 양육효능감에 미치는 영향: 문화적응과 사회적 지지의 매개효과 검증, **복지상담교육연구**, 6(2), 83-108.

김도희(2008). 결혼이민여성의 양육효능감에 관한 영향 연구: 문화적응의 매개효과를 중심으로, 이화여자대학교 박사학위논문.

박지나(2023). 아시아계 국제결혼이주여성의 문화적응유형과 부모효능감 간 문화적응스트레스와 양육활동의 구조관계연구. **아시아여성연구**, 62(2), 51-100.

법무부(2023). 출입국 · 외국인정책 내부용 통계월보, 이민정보과.

이령, 강상경(2023). 여성결혼이민자의 문화적응 유형이 양육효능감에 미치는 영향 : 자녀교육지원활동의 매개효과를 중심으로. **현대사회와 다문화**, 13(4), 111-139.

Chapter

12

폭력피해여성

1. 폭력피해여성의 원인과 실태
2. 폭력피해여성을 위한 정책
3. 폭력피해여성을 위한 서비스 전달체계

1. 폭력피해여성의 원인과 실태

1) 폭력피해여성의 발생 원인

여성에 대한 폭력은 「가정폭력방지 및 피해자보호 등에 관한 법률」(법률 제19339호)의 제정에 따라 사회적 관심이 본격화되었다(법제처 국가법령정보센터, 2023). 여성단체를 중심으로 성폭력, 가정폭력이 사회문제가 제기되었으나 여성 개인의 수치, 치욕으로 여겨졌던 성폭력, 가정폭력 피해에 대한 당사자의 신고, 자기보고가 증가하였다. 그럼에도 불구하고 성폭력이나 가정폭력은 '폭력'이라는 객관적 증거가 있으나, 법적 조치, 강력한 대처가 없는 일종의 '덫'에 걸려있었다. 2023년 현재 사회 전반의 여성폭력에 대한 의식 변화는 더디다. 법을 집행하는 과정에도 '가정폭력'에 대한 이름 때문에 여전히 범죄행위로 확고하게 인식되지 않고 있는 상황이다. 폭력을 설명하는 이론은 〈표 12-1〉과 같다.

| 표 12-1 | 폭력을 설명하는 이론

이론	주장
정신병리학적 이론 – 개인적 차원	– 기본적으로 병리적인 심성을 가지고 있는 사람이기 때문에 폭력 발생
사회심리학적 이론 – 개인,집단, 사회환경과의 상호작용	– 인간관계에서 좌절, 갈등, 사회화 부적응, 권력 결핍 등
상호작용 혹은 체계이론	– 가족체계 내에서 서로 불완전한 자아를 가진 경우 역기능적 상호작용을 하면서 발생
사회문화적 이론	– 개인이나 개인적 관계에서 벗어나 가치, 제도와 같은 사회적 구조나 질서 등 거시적 차원에서 설명함 (예) 구조적 이론, 페미니스트 이론

출처: 허민숙(2023). 재구성.

여성폭력실태조사는 「여성폭력방지기본법」 제12조에 따른 법정실태조사로, 개별 법률에 따른 성폭력, 가정폭력, 성매매, 성희롱 실태조사에서 누락된 여성폭력 실태를 파악하여 여성폭력방지를 위한 정책 수립의 기초자료로 활용하기 위해 2021년 처음 실시하였다. 그 결과에 제시하고 현재 폭력피해 실태를 파악하고자 한다.

2) 친밀한 관계에서의 폭력피해 경험

평생 동안 과거 또는 현재의 배우자나 연인 등 친밀한 관계*에 있는 사람으로부터 신체적, 성적, 정서적, 경제적 폭력 및 통제 피해를 하나라도 경험한 비율은 전체 응답자의 16.1%로 나타났다.

* 설문지의 가해자 유형 중 ① 당시 배우자(사실혼 포함), ② 피해 이전 헤어진 배우자(사실혼 포함), ③ 피해 당시 사귀고 있던 사람, ④ 과거 사귀었으나 피해 시점에서는 헤어졌던 사람

- **신체적·성적 폭력피해 경험률** 평생 동안 친밀한 관계의 파트너로부터 신체적 또는 성적 폭력피해를 경험한 비율은 전체 응답자의 10.6%이다.
- **친밀한 관계 폭력의 유형** 친밀한 관계에서 발생하는 폭력피해의 유형은 정서적 폭력(61.9%)과 신체적 폭력(52.5%)이 높았고, 다음으로 성적 폭력 27.9%, 통제 21.8%, 경제적 폭력 10.5%의 순이었다.

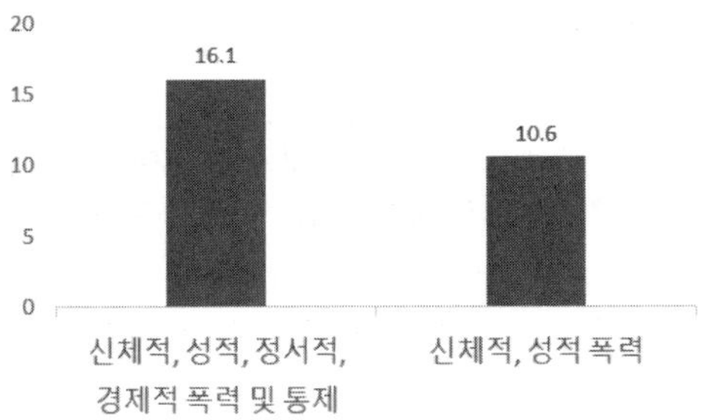

| 그림 12-1 | 친밀한 관계에서의 평생 폭력피해 경험(%)

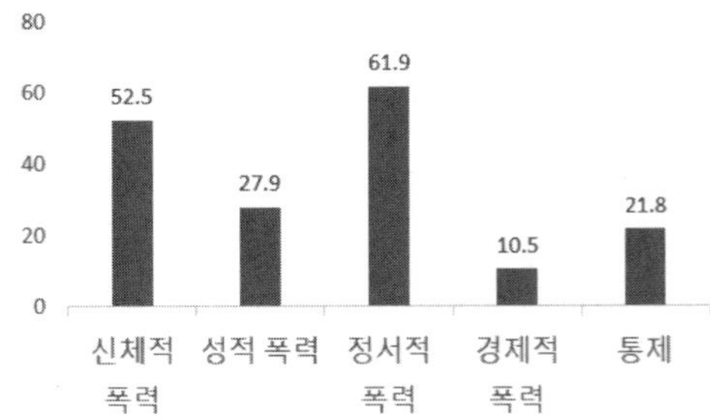

| 그림 12-2 | 친밀한 관계에서의 폭력피해 유형(%)

- **장애여성*의 피해 경험** 평생 동안 친밀한 관계로부터 발생한 여성폭력 피해를 한 번이라도 경험한 장애 여성의 비율은 22.2%였으며, 장애가 없는 여성의 15.9%에 비해 상대적으로 높게 나타났다.

* 실태조사 일반 항목 중 "장애 있음"을 선택한 1.9%를 대상으로 분석하였음

- **이주여성*의 피해 경험 비교** 친밀한 관계에서 발생한 여성폭력 피해를 한 번이라도 경험한 이주여성의 비율은 18.1%였으며, 비 이주여성 16.0%에 비해 상대적으로 높았으나 통계적으로 유의미한 수치는 아니었다.
  * 실태조사 일반 항목 중 결혼이민자 항목을 선택한 2.2%를 대상으로 분석하였음

| 표 12-2 | 취약계층(장애, 이주여성)의 친밀한 관계 폭력 경험률 비교 (단위 : 명, %)

구분		장애여성 (n=133)		비장애여성 (n=6,867)		결혼 이주여성 (n=152)		결혼 비이주여성 (n=6,848)	
		사례수	비율	사례수	비율	사례수	비율	사례수	비율
피해유형 (복수응답)	① 신체적 폭력	20	15.1	570	8.3	12	7.9	578	8.5
	② 성적 폭력	4	3.0	309	4.5	7	4.6	306	4.5
	③ 정서적 폭력	22	16.2	674	9.8	16	10.8	679	9.9
	④ 통제	3	2.3	242	3.5	12	7.9	233	3.4
	⑤ 경제적 폭력	3	2.5	114	1.7	5	3.0	113	1.7
평생 동안 친밀관계 폭력 피해		30	22.2	1,094	15.9	28	18.1	1,096	16.0

3) 교제(데이트)폭력 피해 경험

- **피해 경험** 평생 동안 피해 당시 사귀고 있던 사람이나 과거 사귀었으나 피해 시점에서는 헤어졌던 사람으로부터 신체적, 성적, 정서적, 경제적 폭력 또는 통제 피해를 하나라도 경험한 비율은 전체 응답자의 5.0%로 나타났다.
  * 교제폭력 피해 경험은 설문지의 가해자 유형 중 ① 피해 당시 사귀고 있던 사람, ② 과거 사귀었으나 피해 시점에서는 헤어졌던 사람임

- **신체적·성적 폭력피해 경험률** 평생 동안 피해 당시 사귀고 있던 사람이나 과거 사귀었으나 피해 시점에서는 헤어졌던 사람으로부터 신체적 또는 성적 폭력 피해를 경험한 비율은 전체 응답자의 3.5%이다.

• **교제폭력의 유형** 교제폭력 피해를 입은 응답자들이 경험한 폭력 유형은 성적 폭력이 43.2%로 가장 높았다. 다음으로는 신체적 폭력 37.8%, 정서적 폭력 36.4%, 통제 26.1%, 경제적 폭력 2.1% 순이었다.

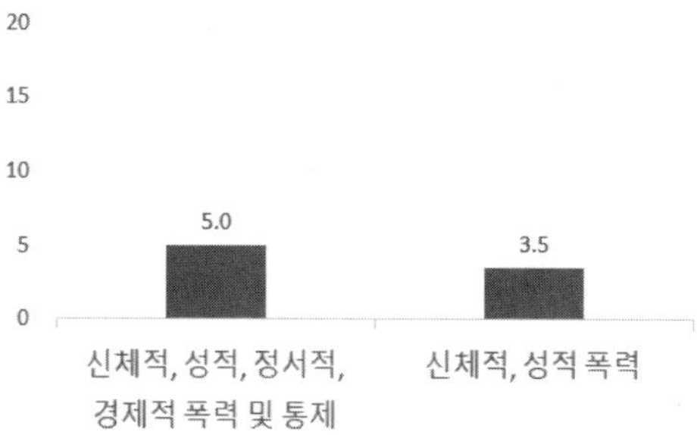

| 그림 12-3 | 교제(데이트)폭력 평생 피해 경험(%)

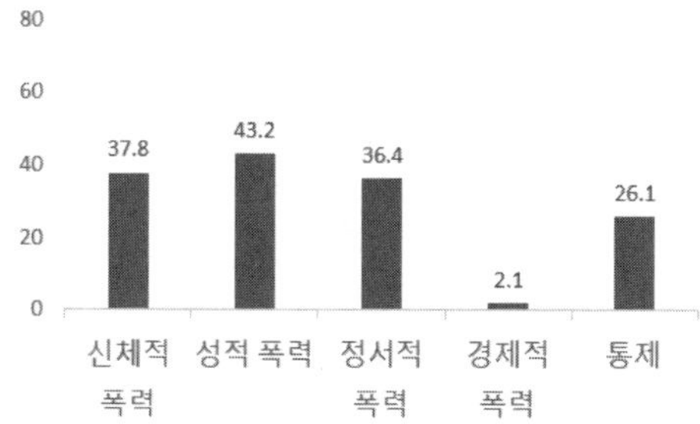

| 그림 12-4 | 교제(데이트)폭력 피해 유형(%)

4) 스토킹 피해 경험

• **피해 경험** 평생 동안 스토킹* 피해를 한 번이라도 경험한 비율은 전체 응답자의 2.5%, 지난 1년간 스토킹 피해를 경험한 비율은 전체 응답자의 0.2%로 나타났다.

① 접근하거나 따라다니거나 진로를 막아서는 행위

② 주거, 직장, 학교 등의 장소 또는 그 부근에서 기다리거나 지켜보는 행위

③ 직접 또는 제3자를 통하여 물건이나 영상·문자 등을 보내거나 주거, 직장, 학교 등의 장소 또는 그 부근에 물건 등을 두는 행위

④ 우편·전화 또는 인터넷 등을 이용하여 물건이나 영상·문자 등을 보내는 행위

⑤ 주거, 직장, 학교, 그 밖에 일상적으로 생활하는 장소 또는 그 부근에 놓여 있는 물건 등을 훼손하는 행위

⑥ GPS 장치, 위치추적 앱을 이용하여 나 또는 나의 동거인, 가족의 위치를 확인하는 행위

- **스토킹 가해자 유형** 스토킹 가해자는 '전혀 모르는 사람'이라는 응답이 32.8%로 가장 높았고, 다음으로 '과거 사귀었으나 피해 시점에서는 헤어졌던 사람(14.7%)', '학교나 직장 구성원(13.5%)', '친구(11.6%)', '피해 당시 사귀고 있던 사람(10.4%)' 순으로 나타났다.

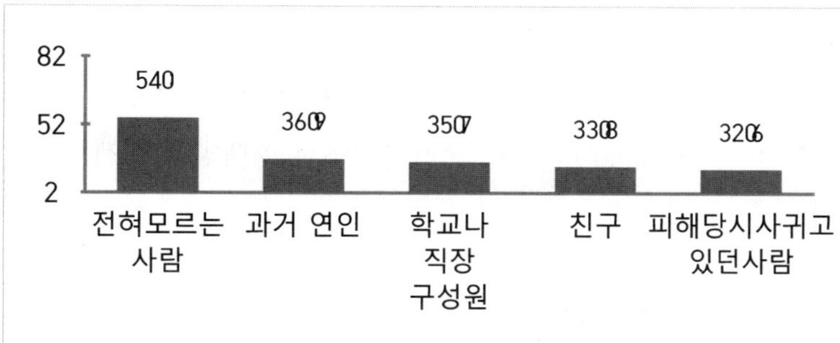

| 그림 12-5 | 스토킹 가해자 유형

- **스토킹 행위 유형** 스토킹 행위 유형을 살펴보면, '주거, 직장, 학교 등의 장소 또는 그 부근에서 기다리거나 지켜보는 행위'를 경험했다는 응답이 62.4%로 가장 많았으며. 다음으로는 '접근하거나 따라다니거나 진로를 막아서는 행위'(47.2%), '우편, 전화 또는 인터넷 등을 이용하여 물건이나 영상, 문자 등을 보내는 행위'(30.7%) 등의 순으로 나타났다.

5) 그루밍 피해경험

- **온라인 1대1 대화 경험** 여자청소년 중 인터넷을 한 번이라도 사용한 적이 있다고 응답한 응답자 994명 중 696명(70.0%)은 온라인에서 낯선 사람과 1대1 대화를 한 경험이 있는 것으로 나타났으며, 이 중 347명은 성인 또는 연령 미상의 사람과 1대1 대화를 한 경험이 있는 것으로 나타났다.

| 표 12-3 | 온라인에서 1:1 대화 경험 (단위 : 명, %)

구분	대화상대방의 연령	
	19세 미만	19세 이상 또는 연령미상
온라인에서 낯선 사람과 1:1 대화를 한 적이 있다. (696명)	349명	347명

- **성인과 온라인 1대1 대화 경험** 온라인에서 낯선 성인과 1:1 대화를 나눈 청소년 347명 중 251명은 일상 대화만을, 96명은 성적인 대화를 나눈 것으로 조사 되었으며, 이중 15.6%(54명)는 오프라인에서 상대방을 실제로 만났다고 응답했다.

- **온라인에서 성인과 대화 이후 경험** 실제로 만난 54명 중 13명(일상적인 대화 사례 42명 중 4명, 성적인 대화 사례 12명 중 9명)은 성적인 대화, 행위 등을 요구받거나 다른 사람에게 비밀로 하자는 요청을 들었다고 응답하였다.

| 표 12-4 | 성인 또는 연령 미상의 상대방과의 대화 이후 경험 (단위 : 명, %)

구분	얼굴, 신체가 포함된 사진, 동영상을 보내거나 화상통화를 한 적이 있다		실제로 만난 적이 있다	
	없다	있다	없다	있다
일상적인 대화만 한 경우(n=251)	232(92.4)	19(7.6)	209(83.3)	42(16.7)
성적인 대화를 한 경우(n=96)	69(71.9)	27(28.1)	84(87.5)	12(12.5)
총계 (n=347)	301(86.7)	46(13.3)	293(84.4)	54(15.6)

주: 백분율은 소수점 두 번째 자리에서 반올림되었으므로 총계가 일치하지 않는 경우가 있음.

- **온·오프라인상 성적인 요구를 받은 경험** 조사 대상 여자 청소년 1000명(만 14~18세)의 10.0%*는 온라인에서 성인과 1대1 대화 도중, 또는 그 이후 오프라인에서 성적인 요구를 받은 것으로 나타났다.
  - * 온라인에서 성적대화(요구)를 나눈 96명+온라인에서는 일상대화만을 나눴으나 오프라인에서 성적요구를 받은 사례 4명

• 온라인 그루밍에 대한 인식 10명 중 8명의 청소년은 온라인 그루밍에 대해 전혀 모르거나, 그 내용을 정확히 모른다고 응답하였으며, 성인이 성적인 목적으로 미성년자에게 온라인상에서 대화를 시도하는 것이 처벌 대상임을 아는 여자 청소년은 10명 중 1명이 채 되지 않는 것으로 나타났다(9.1%).

6) 코로나 기간 중 여성폭력 피해 경험

코로나 기간 중 여성폭력 피해 경험에 대해 조사한 결과, 온라인 공간에서 발생하는 폭력의 정도가 심해지거나(5.6%), 횟수가 증가하였다(5.5%)는 응답이 가장 높았으며, 그 외의 경험률은 3% 미만으로 조사되어 코로나로 인한 변화가 개인이 체감하는 여성폭력의 경험이나 정도에 큰 영향을 미치지는 않은 것으로 나타났다.

7) 여성폭력에 대한 인식

(1) 여성폭력 범죄로부터의 안전도

현재 우리 사회가 여성폭력 범죄로부터 안전하다고 느끼는 사람 16.3%(약간 안전하다+매우 안전하다)에 비해, 안전하지 않다고 느끼는 사람의 비율은 57.8%(전혀 안전하지 않다+별로 안전하지 않다)로 3배 이상 높은 것으로 나타났다.

(2) 일상생활에서 여성폭력 피해에 대한 두려움

평소 일상생활에서 여성폭력 피해를 입을까 두렵지 않다고 응답한 사람의 비율 34.6%(전혀 두렵지 않다+별로 두렵지 않다)에 비해 두렵다고 응답한 사람의 비율은 36.4%(약간 두렵다+매우 두렵다)로 조금 더 높았다.

(3) 여성폭력 피해 발생 이후 필요한 도움

여성폭력 피해를 당했을 때 필요한 도움의 1순위로 가장 많이 선택한 항목은 가해자로부터의 보호(접근금지 등)(70.5%)이고, 2순위로 가장 많이 선택한 항목은 심리·정서적 지원(32.5%)으로 나타났다.

2. 폭력피해여성을 위한 정책

여성안전을 위협하는 주요한 요인이 주거침입이나 여성폭력범죄라는 점에서 안전정책과 폭력정책은 여성의 안전을 위협하는 위험요인을 줄이는 정책이라는 같은 맥락에서 볼 수 있다. 그러나 폭력과 안전이 지향하는 정책의 초점은 조금 다르다. 폭력에 관련된 정책이 가해자 처벌과 피해자 보호의 개인에 초점을 둔 정책이었다면, 여성 안전정책은 치안과 범죄예방 정책인 동시에 주거와 공간정책, 나아가서는 주거, 공간, 사회적 관계, 일자리정책까지 연계된 통합적인 사회정책의 관점에서 바라볼 필요가 있다.

전반적인 사회적인 변화를 통해서 여성폭력의 범위나 성격이 변화하고 있기 때문에, 우리나라의 경우도 최근 몇 년간 이를 반영하기 위한 법률의 제·개정 작업이 이루어져 왔다. 기존의 현행법에서는 젠더폭력의 문제를 가정폭력, 성폭력, 성매매에 대해서만 협소하게 규정하고 있어 스토킹, 인신매매, 데이트 폭력, 여성에 대한 증오범죄 등 점점 다양해지는 젠더폭력에 대한 처벌 및 피해자 보호가 필요하다는 점을 반영하여 2018년에 제정된 「여성폭력방지기본법」이 대표적이라고 할 수 있다.

그러나 기존의 개별법이 존재하는 상황에서 「여성폭력방지기본법」이 기존의 법률에 포함되지 못한 여성폭력에 제한을 둘 것인가, 아니면 보다 포괄적으로 모든 유형의 여성폭력을 포함시킬 것인가는 법률 제정 당시부터 논란이 되어왔다. 법률이 제정된 이후에도 가정폭력, 성폭력, 성매매 등은 기존의 법률에 의거해서 처벌되고 있기 때문에 새롭게 등장한 폭력에 대해서는 법률이 계속해서 제정되거나 개정되고 있다.

대표적으로 2021년 1월 21일부터 시행되고 있는 「성폭력범죄의 처벌 등에 관한 특례법(2020년 10월 20일 일부 개정)」은 성폭력범죄의 2차 피해를 방지하기 위하여 성폭력범죄 피해자의 신원과 사생활 비밀 누설 금지 의무를 위반한 자와 성폭력범죄 피해자의 인적사항과 사진 등을 공개한 자에 대한 벌칙을 상향(제50조 제2항)하도록 하였으며, 2021년 9월에 시행되는 「청소년성보호법」은 온라인 그루밍에 대한 처벌이 가능해졌다. 또한 2021된 4월 20일 제정된 「스토킹범죄의 처벌 등에 관한 법률(2021년 10월 21일 시행)」, 「인신매매등방지 및 피해자보호 등에 관한 법률(2023년 1월 1일부터 시행)」이 2021년 4월 20일 제정되어 시행되고 있다.

1) 폭력유형별 성과와 과제

(1) 스토킹처벌법

여전히 여성폭력은 해결되지 않은 상태에서 숙제는 남아 있는 상황이며, 이를 줄여가기 위한 정책적 노력도 필요한 상황이다. 이를 폭력유형별로 보면 스토킹의 경우 2021년 「스토킹처벌법」이 제정된 것이 큰 성과라고 할 수 있다. 이로 인해 폭력 긴급응급조치 불이행죄 신설이 추진되었고, 스토킹의 정의에 보충적 구성요건을 추가하고, 스토킹의 대상 및 피해 지원 범위를 스토킹 피해자와 밀접한 관계에 있는 사람으로 확대되었다.

피해자보호명령 · 수사 · 재판 과정에서 피해자 보호 · 지원제도를 도입하고, 형벌에 피해자 보호조치를 병과하도록 「스토킹처벌법」 개정 및 피해자 보호 · 지원에 관한 법률도 제정되었다. 다만 스토킹의 규정과 관련하여 현행 규정상 '상대방에게 직접 접근하거나 도달하는 행위'라고 되어 있는 부분은 접근이나도달의 개념의 한계를 지니고 있다는 점이 지적되고 있다. 예를 들어 상대방에게 접근하거나 도달하지 않더라도 감시나 온라인을 통해서 스토킹이 이루어질 수 있기 때문이다.

(2) 데이트폭력처벌법

친밀한 관계에서의 폭력/데이트폭력(교제폭력)과 관련해서는 「데이트폭력처벌법」이 발의 중이나 그 개념과 별도입법과 기존법에 추가에 관한 논란 중에 있다. 2021년 여성폭력실태조사에서 '데이트 폭력'이란 과거 사귀었으나 피해 시점에서는 '헤어졌던 사람'이나 '피해 당시 사귀고 있던 사람'으로부터 행해진 폭력으로 규정하고 있는데, 이는 친밀한 관계에서의 폭력보다는 협의의 개념이다. 향후 정책 과제로는 교제관계의 상호 합의에 대해서는 해석이 달라질 수 있기 때문에 데이트 혹은 교제에 대한 개념과 범위를 좀 더 분명히 할 필요가 있을 것이다.

2) 온라인 혹은 디지털 성범죄

온라인 혹은 디지털 성범죄 관련해서는 많은 법률적 정책적 성과가 있었다. 2021년 온라인 그루밍처벌 규정과 위장수사 근거규정을 마련(「청소년성보호법」 개정)되어 인터넷 사업자의 기술적·관리적 조치를 의무화(「전기통신사업법」·「정보통신망법」)하여 디지털 성범죄물 유통방지 책임을 강화하였으며, 「양성평등기본법」(제46조의2)에 따른 법정 기관인 한국여성인권진흥원(디지털성범죄 피해자지원센터)이 설립 및 운영되었고, 경찰청과 여성가족부 '디지털 성범죄 피해자 보호·지원 강화를 위한 업무협약'을 체결하여 핫라인을 강화하였으며, 방송통신위원회와 기존의 여성폭력단체들과의 연계를 시도해 2020년 12월 30일 제72차 방송통신위원회 전체회의에서 경기도여성가족재단 등 총 10개소를 '불법촬영물 신고·삭제요청 기관·단체'로 지정 및 고시했다. 여성폭력실태조사가 통계청에서 국가승인 통계 인정되어 2021년 첫 조사가 시행되었고, 그 조사 속에 모든 유형의 여성폭력이 온라인과 오프라인 공간에서의 각각의 발생률을 비교할 수 있게 되었다. 2020년 4월 정부의 관계부처 합동 「디지털성범죄 근절대책」이 수립되었다.

이후의 추진상황을 보면, 온라인 그루밍 처벌 및 위장수사 근거가 마련 후 시행되고 있고('21.9월), 인터넷 사업자의 디지털 성범죄물 유통방지를 위한 기술적·관리적 조치가 의무화되었으며('21.12월), 범정부 '공공 특정값 데이터베이스(DNA DB)'가 구축·배포되었고, 불법 촬영물의 고유한 특징값(DNA값)을 추출, 방심위에서 통합 관리하고, 민간(조치의무사업자 등)에서 자사 서비스 내 차단 등을 목적으로 활용할 수 있게 제공하는 데이터 저장소가 설치되었다.

3. 폭력피해여성을 위한 서비스 전달체계

여성폭력 정책, 여성폭력 관련 서비스 전달체계는 관련 법률이 제정되면서 전달체계 또한 형성되기 시작했다. 1990년대 후반 이후 가정폭력이나 성폭력을 전문적으로 상담하는 기관, 쉼터, 일시보호시설이 증설되었다(여성가족부 참고).

* 여성가족부 여성폭력 대응 ONE-STOP 종합보호체계 참고할 것

참·고·문·헌

김미라(2020). TV 드라마의 장르-사회 간 공진화 연구—동성애 재현과 담론을 중심으로. **한국극예술연구, 69**, 139-177.

권리를 위해 맞서 싸운 여성 노동자들의 이야기, 연극 〈미자〉
https://www.newdaily. co.kr/site/data/html/2022/09/26/2022092600006.html
(검색: 2023.12.31.)

김성철 · 김성숙 · 노혜란 · 박경원 · 박란이 · 박윤희 · 박종란 · 배순화 · 신민선 · 오현주 · 이만복 · 이정임 · 임유진(2023). **여성복지론**. 서울: 양성원.

김수아 · 이예슬(2017). 온라인 커뮤니티와 남성-약자 서사 구축. **한국여성학, 33**(3), 67-107.

김향선 · 주정(2020). **현대여성복지론**. 서울: 양서원.

박지은(2021). 농촌여성의 노동 분화 양상. **농촌사회, 31**(1), 7-91.

백선기(2015). **미디어 담론**. 서울: 커뮤니케이션북스.

사진예술잡지(2020). '한국의 가족, 익산', '한국의 가족, 동부이촌동'.
http://themagazi ne.kr/, 2020년 11월호 (검색일: 2023.12.31.)

서정민(2020). "밀레니얼 트렌드 사전 만찢남 · 만찢녀". 중앙일보. 2020.08.13.
https://www.joongang.co.kr/article/23847500 (검색일: 2023.12.30.)

안진현(2018). "한국 미디어에 나타난 여성 외모담론 - 2000년 이후 뉴스 기사 분석을 중심으로." 서울대학교 대학원 박사학위논문.

여천요(2023). 성형 브이로그 창작자와 이용자의 여성 주체 구성에 관한 현상학적 연구. 중앙대학교 대학원 박사학위논문.

이혜숙 · 강인순(2015). **'나는 대한민국 경남여성'**, 지앤유 로컬북스 2, 경상대학교 출판부.

정호민(2021). 여성의 루키즘이 감성지능과 자기효능감에 따른 외모관리행동 및 소비성향에 미치는 영향. 성신여자대학교 대학원 박사학위논문.

조현준 역(2022). **주디스 버틀러의 젠더 허물기 읽기**. 서울: 세창출판사.

조흥식 · 김혜련 · 신혜섭 · 김혜란(2010). **여성복지학**. 서울: 학지사.

추주희(2023). 집성촌 두 여성 노인의 노동 경험과 돌봄 활동으로 본 젠더 규범의 변화. **한국여성학, 39**(3), 1-35.

통계청(2023). 경제활동인구조사 1993~2023년. https://www.kostat.go.kr/.
(검색일: 2023.12.31.)

한국여성연구소(2018). **새 여성학 강의**. 경기: 도서출판 동녘.

Freedman, E. (2007). *No turning back: The history of feminism and the future of women*. Ballantine Books.

Brasier, Kathryn J., Carolyn E. Sachs, Nancy Ellen Kiernan, Amy Trauger and Mary E. Barbercheck.(2014). Capturing the Multiple and Shifting Identities of Farm Women in the Northeastern United States. ***Rural Sociology***, *79*(3), 283-309.

Little, J. and Owain Jones.(2009). Masculinity, Gender, and Rural Policy. ***Rural Sociology***, *65*(4), 621-639.

Chapter

13

여성과 장애

1. 여성장애인의 현황
2. 장애인복지현장에서 나타난 주요 문제
3. 여성장애인 복지영역에서의 과제

1. 여성장애인의 현황

1) '여성'과 '장애'

여성장애인의 문제는 장애 문제에 더하여 성차별적, 가부장제 사회에서 여성으로서의 이중차별 문제로 정의된다. 여기에 빈곤이라는 구조적인 요인이 추가될 경우 여성장애인은 '삼중차별'을 받는 대상이 된다. 이처럼 여성장애인이 갖는 문제는 복합적이고 심각한 상황이다. 그러나 여성장애인의 삶과 남성장애인에 대한 성별(Sex, 생물학적 성)에 차이를 두지 않고 동일하게 보고 지원서비스를 구축하였다. 그럼에도 불구하고 사회적 구성물로서의 장애개념을 제시한 올리버(Oliver)는 개인적 특성으로 보이는 장애가 사실은 사회환경적 요인에 의해 만들어지고 재생산된다는 점을 들어 특정 사회와의 관계 속에서 이해되어야 한다고 주장한다.

2) 장애인의 실태

(1) 여성 장애인의 주된 장애유형

여성 장애인의 주된 장애 유형은 지체장애(21.5%), 청각장애(4.8%), 뇌병변장애(4.5%), 시각장애(4.2%) 순으로 외부신체기능장애 유형이 가장 많았다. 이는 남성장애인의 경우도 동일하다. 여성 장애인의 연령 분포는 만 65세 이상 57.3%, 만 50~64세 23.9%, 만 40~49세 8.2% 순으로, 50대 이후 연령대가 80% 이상이다. 즉, 연령이 높을수록 여성 장애인 비율이 더 높음을 보여 준다. 이러한 경향은 남성 장애인도 동일하다. 다만, 만 65세 이상 연령대의 여성 장애인 비율이 남성 장애인(38.7%)에 비해 훨씬 더 높음을 알 수 있다(그림 13-1 참고).

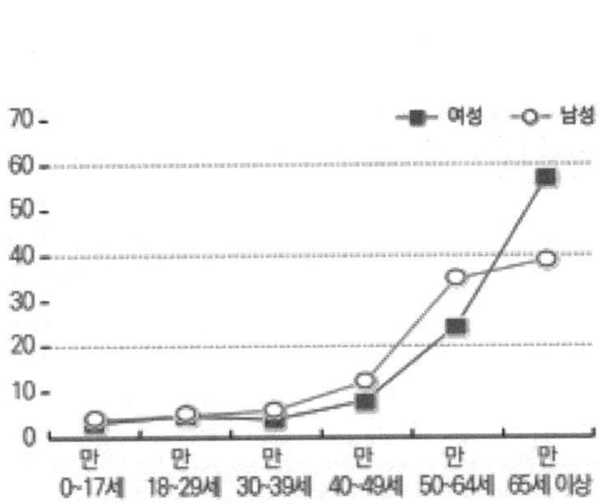

| 그림 13-1 | **등록장애인 장애인 현황** (단위: %)

(2) 교육정도

여성 장애인의 교육 정도는 초등학교(36.5%), 고등학교(20.5%), 무학(19.1%) 순이었는데, 무학을 포함한 초등학교 학력은 55.6%나 되었다. 이는 남성 장애인의 24.5%와 비교하면 거의 두 배 수준으로 높은 것으로, 여성 장애인의 교육 수준이 매우 낮은 상태임을 나타낸다. 반면, 대학 이상의 경우는 남성 장애인(19.7%)이 여성 장애인(9.0%)에 비해 2배 이상 많았다. 여성 장애인의 결혼 상태는 유배우(42.5%), 사별(36.6%), 미혼(11.5%) 순으로 나타났다. 가장 많은 유배우 상태는 남성 장애인(65.0%)에 비해 적은 반면, 사별은 남성 장애인(5.3%)에 비해 훨씬 많았다.

(3) 의료기관 방문

'최근 1년간 병의원에 가고 싶을 때 가지 못한 경험이 있는지'에 대해서는 여성 장애인의 19.5%가 가지 못한 경험이 있다고 응답했다. 이는 남성 장애인(15.2%)에 비해 높은 비율이다. 그 이유로는 경제적 이유(35.8%)와 의료기관까지 이동하기에 불편함(33.3%)이 전체의 70% 수준을 차지하였고, 그 외에 동행할 사람이 없어서인 경우도 9.7%였다. 반면 남성 장애인의 경우 경제적 이유(42.5%), 시간이 없어서(18.8%), 의료기관까지 이동하기에 불편함(17.0%) 순으로 나타나 경제적 이유가 가장 큰 이유인 것은 동일하나 그 외의 이유에서는 약간의 차이를 보였다. 즉, '의료기관까지 이동의 불편함'은 남성 장애인에 비해 여성 장애인의 비율이 더 높았고, '시간이 없어서'인 경우는 여성 장애인에 비해 남성 장애인의 비율이 상대적으로 더 높았다.

(4) 결혼생활

본인의 장애로 인해 자녀의 성장·발달에 지장이 있었는지에 대해 여성 장애인의 47.9%가 '지장이 많았다(약간 많다 + 매우 많다)'고 하였는데 이는 남성 장애인(29.3%)에 비해 높은 비율이다. 이는 여성 장애인이 자녀의 성장·발달 과정에서 남성 장애인보다 더 어려움을 겪고 있음을 의미한다. 여성 장애인 본인의 장애로 인한 자녀 양육 시 가장 큰 애로 사항은 '자녀 양육·교육 비용이 많이 들어서'(3.1%), '자녀와의 의사소통의 어려움'(1.2%), '아이 돌볼 사람이나 시설 부족'(1.1%)이었으며, 교육 시의 어려움으로는 본인의 장애로 인한 '교육비 등 경제적 부담'(24.7%), 학습 지도 및 학교 과제 수행의 어려움'(13.2%), '자녀와의 의사소통의 어려움'(10.3%)이 큰 것으로 나타났다. 본인의 장애로 인해 자녀의 성장·발달에 지장이 있었는지에 대해 여성 장애인의 47.9%가 '지장이 많았다(약간 많다 + 매우 많다)'고 하였는데 이는 남성 장애인(29.3%)에 비해 높은 비율이다. 이는 여성 장애인이 자녀의 성장·발달 과정에서 남성 장애인보다 더 어려움을 겪고 있음을 의미한다. 여성 장애인 본인의 장애로 인한 자녀 양육 시 가장 큰 애로 사항은 '자녀 양육·교육 비용이 많이 들어서'(3.1%), '자녀와의 의사소통의 어려움'(1.2%), '아이 돌볼 사람이나 시설 부족'(1.1%)이었으며, 교육 시의 어려움으로는 본인의 장애로 인한 '교육비 등 경제적 부담'(24.7%), 학습 지도 및 학교 과제 수행의 어려움'(13.2%), '자녀와의 의사소통의 어려움'(10.3%)이 큰 것으로 나타났다.

2. 장애인복지현장에서 나타난 주요 문제

1) 고령 여성장애인의 생활실태에 관심 요구

장애 인구는 꾸준히 증가하고 있다. 이중 지체장애인의 비율은 2021년 통계청 자료에 의하면 45%로 가장 높다. 특히 고령으로 갈수록 전체 장애인 중 지체장애인의 비율은 증가하는 추세인데, 지체장애인의 경우 중도장애인이 대부분이고, 일상생활 및 사회생활에 어려움을 경험하는 특징이 있다. 지체장애인 중 여성은 전체 장애 여성 중 44.8%를 차지하고 있어 장애 여성의 대표적인 장애 유형에 속한다. 그리고 70대 이상의 연령대에서는 지체장애 남성보다 지체장애 여성의 비중이 더 커서 고령 장애 인구 중 장애 여성에 주목할 필요가 있고, 지체장애 여성의 삶에 기반한 사회적 지원이 이루어지도록 지체장애 여성의 생애주기에서의 생활실태에 관심을 가져야 한다. 장애인은 생애 전반에 걸쳐 경험하게 되는 문제가 있고, 이에 따른 사회적 지원이 요구된다. 이렇게 장애인의 공통된 요구와 문제에 대한 접근도 있지만, 생애주기별로 경험과 발달과업이 달라 요구되는 사회적 지원의 내용도 다르다.

생애주기에서 가장 긴 기간에 걸쳐 있는 단계가 성인기로, 성인 초기와 중년기, 노년기는 기대되는 발달과업이 다르고, 이에 따른 경험과 인식도 다르므로 사회적 지원에 대한 요구도 상이하게 나타나게 된다. 따라서 장애와 관련된 연구에서 생애주기별 특성과 요구를 규명하는 것은 장애인에게 차별화된 정책과 서비스를 개발하는 데 유용한 접근으로 인정되고 있다.

2) 성별에 따른 특성 고려

생애주기별 접근에서는 성별에 따른 특성도 중요하게 고려되어야 한다. 우리 사회에서 여성은 임신, 출산 육아, 양육 등의 주체로 인식되는 경향이 있다.

특히 장애 여성의 생애주기에서 결혼 및 가족생활 경험에 대한 관심이 필요하다. 장애인의 생애주기 연구에서는 장애 유형별, 생애주기별 복지요구에 초점을 두어 생애 전환에서 요구되는 서비스 지원을 논의하는 연구가 많은데, 성별 특성을 다루지는 못하고 있다. 성별 장애인의 생애주기 경험과 인식에 관한 관심이 필요하다. 특히, 장애 여성의 경험으로 생애주기 발달과업 중 출산과 육아와 관련된 특정 시기의 경험과 성 역할은 남성 장애인과 비교할 때 취약할 위치에 있다. 이러한 과정에서 장애 여성의 중첩된 차별 경험에 주목해야 한다. 장애 여성의 생애주기에서도 결혼과 가족의 경험은 주요한 삶의 영역이 되고 있다. 지체장애 여성들도 생애주기에서 결혼과 가족생활에 따른 다양한 상황을 경험하고, 이에 대한 다양한 복지요구가 발생한다.

3. 여성장애인 복지영역에서의 과제

1) 사회활동 참여 제한

여성 장애인은 교육, 결혼, 취업 등 전반적인 삶의 영역에서 남성 장애인에 비해 더욱 어려운 상태에 있음을 알 수 있었다. 이는 실제로 남성에 비해 낮은 교육 수준, 낮은 경제활동 참가율, 그리고 낮은 소득 수준으로 나타났다. 특히 교육은 취업과 결혼 등 중요한 사회활동의 참여를 위해 반드시 필요한 전제조건으로서 인적 자본 형성의 중요 요소가 되는데, 여성 장애인은 교육 수준이 낮아 다양한 사회활동 참여에 제한을 받고 있다.

2) 인적 자본 형성 및 역량 강화

여성 장애인의 자립 기반은 일정 수준의 학력 또는 기능이 될 수 있으므로 충분히 교육받고 취업으로 연계될 수 있도록 기회와 역량을 마련해 주는 것이 필요하다. 즉, 여성 장애인의 사회적 자립을 위해서는 교육 지원을 통한 인적 자본 형성 및 역량 강화가 우선적으로 이루어져야 할 것이다. 여성 장애인의 역량 강화는 궁극적으로 여성 장애인의 경제활동 참여 기회를 촉진하여 경제적 자립에도 기여하게 될 것이다.

3) 건강 형평성 문제

여성 장애인은 만성질환 또는 장애 특성상 이차적으로 발생하는 추가적인 건강 문제, 주관적 건강상태 등 남성 장애인에 비해 더 많은 건강 문제에 직면하고 있어 건강형평성 문제가 제기되는 장애인구 중에서도 취약집단이다. 특히, 2015년 12월 「장애인 건강권 및 의료접근성 보장에 관한 법률」이 공포되면서 모성보호, 성별 등의 특성을 고려할 것을 명시하고 있다. 실제로 여성 장애인은 남성 장애인에 비해 만성질환 유병률이 높고, 주관적 건강 상태가 더 나쁘다고 인식하고 있으며, 병의원에 가지 못하는 경우가 더 많았는데 주된 이유는 경제적 이유와 이동의 불편함, 동행할 사람이 없어서인 것으로 나타났다. 따라서 여성 장애인의 건강 수준 향상을 위해서는 만성질환 관리, 장애 관리 및 재활서비스, 건강상태의 평가와 관리 등이 우선적·지속적으로 이루어져야 할 것이다.

4) 의료기관에 대한 접근성 확보

의료기관에 대한 접근성을 높이기 위한 인적·물리적 지원이 마련되어야 할 것이다. 더불어 여성 장애인의 특성을 잘 반영한 여성 전문·여성 장애인 특화, 여성 장애인 맞춤형 건강서비스가 필요하다. 여성 장애인 중 취업자 비율은 23.4%로 남성 장애인의 절반 수준에 불과하고 여성 장애인 가구 소득액 및 개인 수입액 또한 남성 장애인과 비교할 때 매우 낮은 수준으로, 여성 장애인 가구는 물론 개인 차원에서도 경제적으로 매우 어려운 상황이다. 이는 여성 장애인으로서 특히 어려웠던 점에 대해 '취업 등 경제적 자립의 어려움'이라는 응답이 가장 많았던 것에서도 알 수 있다. 따라서 여성 장애인의 교육과 직업훈련 등을 통한 취업 기회 확대와 취업 이후 직업 유지를 위한 방안이 필요하다. 이를 위해 여성 장애 학생들의 직업 및 진로교육 확대, 직업훈련 대상자로서 여성 장애인 우선 선정, 전문화된 직업 상담 및 여성 장애 맞춤형 직업훈련 프로그램 등이 필요하며, 취업 이후 지속적인 직업 유지 훈련 프로그램과 직무에서의 배려가 필요하다.

5) 장애인의 인권 확보와 인식 개선

여성 장애인은 가족폭력과 성희롱·성추행·성폭력에서 남성 장애인에 비해 더 큰 피해를 받고 있는데, 이는 폭력에 대한 대처 능력이 현저히 떨어지는 여성 장애인이 더욱 위험에 노출되어 있기 때문이다. 많은 여성 장애인이 생활 전반에 걸쳐 각종 차별과 편견 그리고 폭력 속에 살고 있는데, 이를 개선하기 위한 여성 장애인의 인권 확보와 인식 개선을 위한 교육 및 홍보 등 다양한 활동이 필요하다. 이 외 여성 장애인의 가족 및 성폭력 피해의 심각성에 대한 홍보 등이 필요하며 피해자와 가족을 지원할 수 있는 다양한 상담 프로그램의 개발 등이 필요하다. 더불어 여성 장애인들이 자신의 장애로 인한 가사 및 자녀 돌봄 수행에서 어려움을 겪고 있으므로 이를 극복할 수 있도록 소득 지원, 보육·교육 시 장애아전문보육시설의 확대가, 여성 장애인으로서는 임신·출산 관련 교육 및 정보 제공, 자녀 양육 지원 서비스 등의 지원을 통해 긍정적인 경험을 할 수 있도록 공적 영역에서의 사회적 지원이 필요하다.

참·고·문·헌

곽삼근, 조혜선, 윤혜경(2005). 생애주기별 성역할 발달 및 갈등. **한국여성학, 21**(2), 147-179.

송다영(2013). 여성주의 관점에서 본 생애주기별 복지와 돌봄 패러다임. **페미니즘 연구, 13**(1), 93-129.

이수용, 김항구(2022). 장애유형 · 생애주기별 정책서비스 제공실태조사. 서울: 한국장애인고용공단.

이아영(2023). 발달장애인의 생애 전환경험에 대한 탐색적 연구: 생태학적 관점을 통한 생애주기 기반 지원체계의 보완. **사회복지연구, 54**(1), 91-123.

이은원, 송지영(2019). 지체장애인의 정신적 건강상태 영향요인. **한국엔터테인먼트산업학회논문지, 13**(6), 287-295.

국가통계포털(2023a). 장래인구추계. http://kosis.kr (검색일: 2023.12.23.).

국가통계포털(2023b). 장래가구추계. http://kosis.kr (검색일: 2023.12.23.)

김동식, 김영택, 동제연, 나영정(2022). 중증장애여성의 성 재생산 영역에서 차별 경험과 인권증진 방안 연구, 한국여성정책연구원.

김미혜, 문정화, 성기옥(2014). 성인의 생애주기별 주관적 행복감과 영향요인에 관한 연구. **한국노년학, 34**(4), 857-875.

김성희, 이민경, 오욱찬, 오다은, 황주희, 오미애, 김지민, 이연희, 강동욱, 권선진, 백은령, 윤상용, 이선우(2020). 2020년 장애인실태조사. 한국보건사회연구원.

박경옥(2022). 지체장애인의 가족건강성이 자아존중감에 미치는 영향 - 장애수용의 매개효과를 중심으로. **특수교육재활과학연구, 61**(3), 187-204.

보건복지부, 질병관리본부(2022). 2022 국민건강통계 I . (검색일: 2023.12.23.).

보건복지부, 한국보건사회연구원(2022). 2017년 장애인 실태조사. (검색일: 2023.12.23.)

Chapter 14

여성노인

1. 여성노인의 현황과 실태
2. 여성노인을 바라보는 사회적 시선
3. 여성노인의 사회적 관계와 특성

1. 여성노인의 현황과 실태

통계청이 작성한 「2022 고령자 통계」에 따르면, 2022년 65세 이상 고령인구는 901만 8,000명으로 전체 인구의 17.5%이며 2025년에는 20.6%로 예상되어, 우리나라는 곧 초고령사회로 진입할 것으로 전망된다. 고령사회에서 초고령사회 도달 연수, 즉 65세 이상 노년인구 비중이 전체 인구의 14%에서 20%로 되는 데 걸린 시간은 오스트리아 53년, 영국 50년, 미국 15년, 일본 10년이었던 데 비해 한국은 7년에 불과할 것으로 보인다.

한편, 통계청이 2022년 말에 발표한 「2021년 생명표」에 따르면, 2021년에 출생한 아이의 기대수명은 남아가 80.6년, 여아가 86.6년으로, 반세기 전인 1970년 남녀 각각 58.7년, 65.8년에 비해 20여 년씩 늘어났다. 우리나라의 이러한 평균수명 수치는 선진국 그룹이라고 할 수 있는 OECD 평균보다 남녀 각각 2.9년, 3.5년 많은 것이다. 우리나라의 인구를 나이와 성별을 기준으로 나타내면 [그림 14-1]과 같은 모양이 된다. 점선으로 표시된 2018년의 인구분포에서 알 수 있듯이, 40대 후반에서 50대 후반에 속하는 인구가 가장 많다. 이들은 한국전쟁 이후에 태어난, 소위 '베이비붐 세대'이다(보통 1955년~1963년생을 일컫는다).

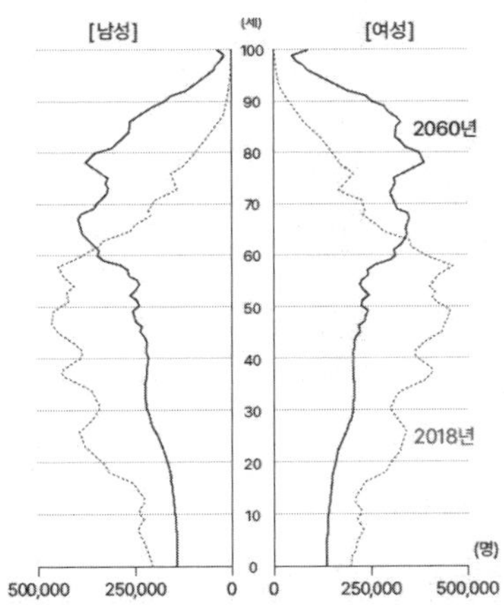

| 그림 14-1 | 인구항아리

출처: 통계청(2022). 장래인구추계.

실선으로 표시된 2060년의 인구분포는 고령화가 진전됨에 따라 하단은 줄어들고 상단은 올라가며 늘어나는 모습을 확연하게 보여준다. 만약 시간을 거슬러 1970년대 정도로 돌아가면 위 그림은 어떤 모습일까? 분명히 윗부분이 지금보다는 더 낮고 좁으며, 아랫부분이 좌우로 크게 불룩한 항아리 모양이 될 것이다. 그래서 이런 그림을 인구항아리(혹은 인구피라미드)라고 부른다. 인구항아리를 15세와 65세를 기준으로 3등분 하면, 위에서부터 노년인구(65세 이상), 경제활동인구(15~64세), 그리고 유년인구(14세 이하)로 나뉜다. 보통 경제활동인구가 만들어내는 재화와 서비스 등으로 노년인구를 부양하고, 유년인구를 양육한다. 경제활동인구 대비 노년인구와 유년인구를 합한 수치의 비율을 총부양비라고 한다. 경제활동인구 대비 노년인구의 비율을 노년부양비라고 하며, 경제활동인구 대비 유년인구 비율을 유년부양비라고 한다. [그림 14-2]의 막대그래프가 바로 노년부양비이다. 우리나라에서 최근 문제가 되고 있는 저출생 현상에 따라 유년부양비는 대폭 줄어들고 있으나, 반대로 인구 고령화에 따라 노년부양비는 대폭 증가하고 있다.

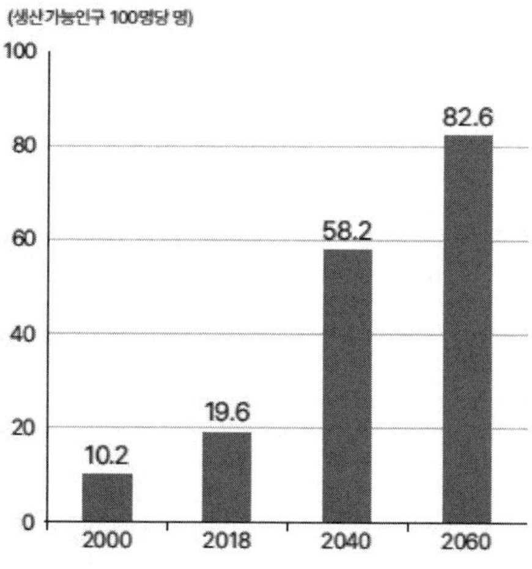

| 그림 14-2 | 노인부양비

출처: 통계청(2022). 장래인구추계. 각 연도.

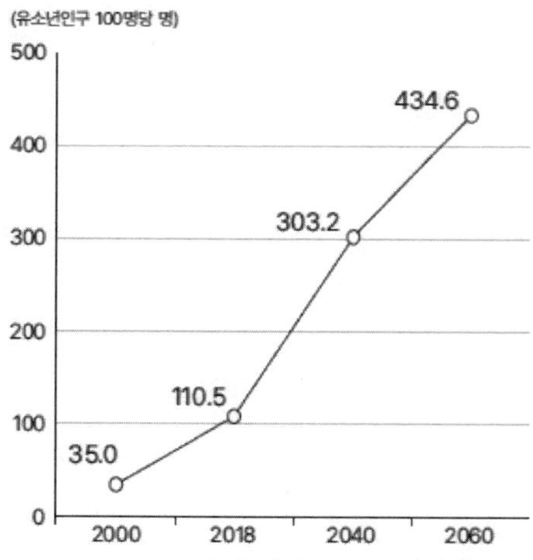

출처: 통계청, 「인구주택총조사」, 「장래인구추계」

| 그림 14-3 | 노령화지수

한편 앞으로 연령대별 인구 구성이 어떻게 변동할지 예측하기 위해서는 유년인구 대비 노년인구의 비율인 노령화지수를 살펴볼 필요가 있다. [그림 14-3]을 보면 2000년에는 노령화지수가 35였다. 유년인구가 100명이라면 노년인구는 35명이라는 의미이다. 2018년에는 노령화지수가 110.5로서 유년인구와 노년인구가 거의 비슷한 수준임을 말해준다. 그런데 2040년이 되면 이 지수가 303.2가 되어 유년인구 1명에 노년인구 3명이 있는 상태, 2060년에는 이 지수가 434.6이 될 것으로 예상된다.

[그림 14-2]에서 2000년 노년부양비 10.2가 의미하는 바는 경제활동인구 약 10명이 1명의 노인을 부양한다는 의미이다. 십시일반(十匙一飯)이라는 표현에서 보듯, 경제활동인구 10명이 각자 한 숟가락씩 밥을 덜어서 노인 1명에게 주면, 밥을 덜어준 젊은이나 받는 노인이나 부담스럽다거나 배고프다고 불평하지는 않을 것이다. 그런데 2018년의 노년부양비 19.6은 대략 젊은이 5명이 1명의 노인을 부양하는 상황을 의미한다. 이제는 "십시이반(十匙二飯)이 되므로 젊은이는 자기 밥그릇에서 두 숟가락을 덜어야 한다."는 의견을 제시할 수 있다.

세대 간에 양보와 타협이 이루어질 가능성이 높다는 의견이 다분하다. 그러나 2060년에는 노년부양비가 82.6이다. 이 시기가 되면 대략 5명의 젊은이가 4명의 노인을 부양해야 한다. 사회 전체적으로 노년인구 부양과 돌봄에 관한 새로운 패러다임을 만들지 않으면, 세대 간 갈등이 심각한 양상으로 폭발할 수 있다.

그 조짐이 조금씩 보이는데, 노인을 향한 차별과 혐오를 바탕으로 학대하고 회피하는 등의 행태와 사고를 의미하는 노인차별주의[혹은 연령주의(ageism)] 발생이 그것이다. 인간이 오래 살게 된 것은 축복이지만, 노년의 행복한 삶이 보장되지 못하는 사회적 조건과 상황은 사회문제가 된다. 이것이 노인문제이다.

2. 여성노인을 바라보는 사회적 시선

'노인'과 '노년기'는 '행복한 노년', '인생의 황혼기'처럼 긍정적인 이미지와 표상으로 묘사되어야 하지만, 실상은 '노인문제'라는 부정적 표상이 사용되고 있다. 노인문제가 현대사회에 이르러 크게 심각해진 배경은 무엇일까? 주지하는 바와 같이 과학문명, 물질문명의 발달은 현대사회의 번영을 가져왔다. 그 번영 덕분에 인간은 장수하게 되었지만, 그 자체에 노인문제가 싹틀 수 있는 기제가 담겨 있다. 카우길(Cowgill)과 홈즈(Holmes)는 1972년에 처음 발표한 '현대화 이론'(modernization theory)을 통해 현대화와 노인문제의 인과관계를 다음 그림과 같이 정리하였다.

[그림 14-4]에서 보듯, 왼쪽에 위치한 네 가지 현대화 현상들이 오른쪽의 여러 노인문제를 초래했다. 그림의 화살표를 따라가면서 설명을 이어가면 자연스럽게 노인문제 발생의 인과관계를 설명할 수 있다. 보건의료기술의 발달로 사망률이 감소하여 평균수명이 연장되었고, 이는 긴 여가시간을 어떻게 선용할 것인지 고민을 안겨주었다. 출산율 감소와 사망률 감소는 노인인구의 증가를 불러온다. 생산기술의 발전으로 인해 필요한 노동자 수가 감소하고, 거기에 증가된 노인인구가 가세하여 세대 간 직업경쟁이 치열해지면서, 불리한 입장에 있는 노년 노동자들은 퇴직을 강요당한다. 또한 오늘날 IT 업종과 같은 새로운 직종의 출현은 노인세대가 갖고 있던 직업기술을 경쟁력이 없는 낙후된 것으로 만들어 퇴직을 강요한다. 특히 여성노인의 퇴직은 역할상실과 수입감소 및 사회심리적 고립과 소외를 가져온다.

대중교육이 대폭 확대되면서 노인세대가 가진 지식은 낙후된 것으로 여겨지며, 세대 간에 가치관 차이가 발생한다. 그 결과 노인세대는 젊은 세대로부터 고립되어, 건강보호에 어려움이 발생하며, 사회심리적 고립과 소외를 경험하게 된다. 현대사회에 와서 더욱 두드러진 도시화로 인해 노동자는 이동에 유리한 핵가족 혹은 단신으로 일자리와 삶의 터전을 찾아 나선다. 이동이 거의 없었던 농경사회에서 3대가 한 마을이나 같은 집에서 살아가던 것에 비해, 현대사회에서 노인세대는 농촌 혹은 고향에 '붙박이'로 머무르게 된다. 이로 인해 자녀 혹은 손자녀 세대와 상호작용을 할 기회가 거의 끊어짐으로써 사회적 거리감을 느끼며,

실제 공간적으로도 고립된다. 이로써 노인에게 사회심리적 고립과 소외가 발생한다.

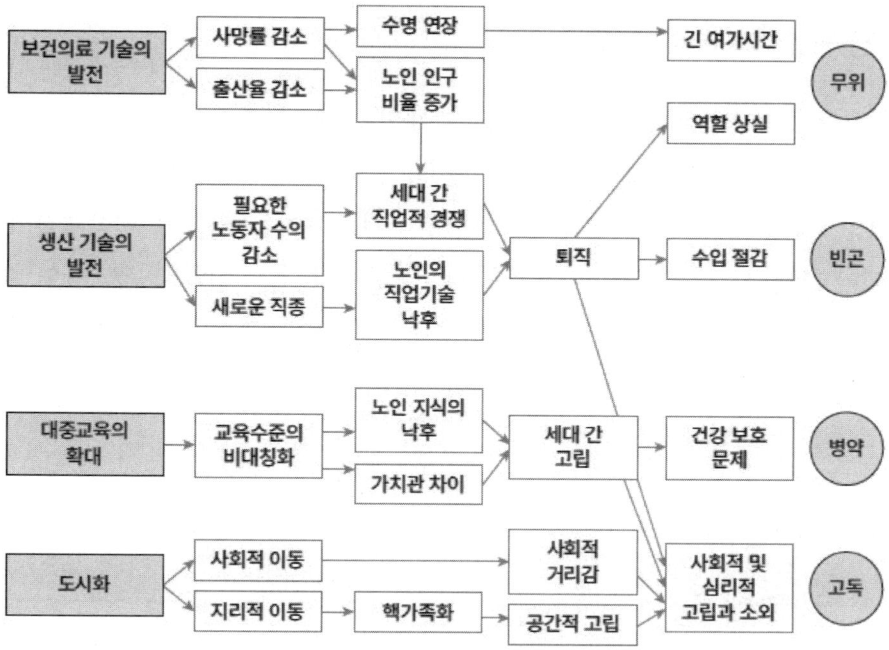

| 그림 14-4 | 현대화 이론에 따른 노인문제 발생의 인과관계

3. 여성노인의 사회적 관계와 특성

1) 중위소득 문제해결

소득을 기준으로 모든 인구를 한 줄로 세웠을 때, 중간에 해당하는 사람의 소득을 '중위소득'이라고 하며, 그 중위소득의 절반, 즉 50%를 상대적 빈곤선으로 보고, 그 이하에 속하는 사람이 전체 인구에서 차지하는 인구비를 '상대적 빈곤율'이라고 한다. 위의 〈표 14-1〉에서 '시장소득'이란 세금 납부나 복지급여 수급이 이루어지기 이전에 얻은 소득을 의미하며, '처분가능소득'은 시장소득에서 세금 납부로 빠져나가는 만큼을 제외하고, 복지수급과 같은 이전소득을 더해서 얻은 소득을 의미한다.

| 표 14-1 | 시장소득, 처분가능소득 기준 (단위: %)

연도	2012	2013	2014	2015	2016	2017	2018	2019	2020	2021
시장소득 기준	55.4	55.7	55.9	56.6	57.5	56.7	58.5	59.0	58.6	57.6
처분가능소득 기준	45.4	46.3	44.5	43.2	43.6	42.3	42.0	41.4	38.9	37.6

출처: 통계청. 가계금융복지조사. 각 연도.

2021년 시장소득 기준 노인빈곤율은 57.6%로서 매우 높은 수준이다. 그런데 복지급여 등을 통해 처분가능소득이 늘어나기 때문에 처분가능소득 기준 빈곤율은 37.6%로 뚝 떨어진다. 그런데 이 자체도 세계적으로 높은 수준이다. 참고로 2019년 기준 OECD 평균 노인빈곤율은 13.5%로서, 우리나라 41.4%의 3분의 1 정도이다. 2021년 시장소득 기준 노인빈곤율과 처분가능소득 기준 노인빈곤율의 차이 20%는 주로 국가의 사회보장제도, 예를 들면 국민기초생활보장제도에 따른 생계급여 지원, 기초연금, 국민연금 등의 공적연금 등을 통해 달성된 것이다. OECD 국가들의 노인빈곤율 평균이 우리의 3분의 1 수준으로 낮은 것은 '복지국가'의 재분배 기능이 우리나라보다 더 잘 작동하고 있기 때문이다.

「2022 고령자 통계」에 따르면, 우리나라 노인 가운데 65~79세 고령자의

54.7%는 취업 의사가 있고, 취업을 원하는 사유는 '생활비 보탬'을 위해서라는 응답이 가장 많이 나타나는데, 이는 국가의 사회보장이 부실한 가운데 개인이 노동시장 참여를 통해 이를 보충하지 않으면 안 되는 사정을 보여준다.

2) 사회적 비복지문제 대처방안 모색

노인문제를 포함하여 사회문제는 개인의 잘못이 아닌 사회구조나 사회제도의 결함으로 인해 발생한 것으로, 한두 사람이 아닌 다수의 사람들에게 고통스러운 처우를 강요한다. 이들 사회문제를 해결하기 위해서는 사회의 구조나 제도를 개혁하고 변화시키기 위한 집합적 조치가 필요하다. 앞에서 살펴보았듯이 오늘날의 노인문제는 과학기술문명의 발전에 뒤따라 발생한 것으로서, 노인 개인에게 그 책임을 추궁할 수 없다. 소위 '사회적 비복지'(social diswelfare)로서 노인문제가 발생하였기에 사회적으로 이에 대처해야 한다. 앞에서 살펴본 현대 노인의 '4고'를 해결하기 위해서는 다음과 같은 사회정책과 프로그램이 마련되어야 할 것이다.

(1) 의료보장정책과 프로그램 확보

노인이 안고 있는 병약의 문제에 대해서는 의료보장정책과 프로그램들이 보다 내실 있게 확보되어야 한다. 건강보험제도, 장기요양보험제도, 각종 돌봄 서비스 및 여러 사회 서비스들을 통합하여 제공하는 통합사회서비스 등이 여기에 속한다. 국민기초생활보장제도의 의료급여도 여기에 속한다.

(2) 소득보장정책과 프로그램 구축

빈곤의 문제에 대해서는 소득보장정책과 프로그램이 구축되어야 한다. 국민기초생활보장제도의 생계급여, 주거급여, 교육급여 등이 빈곤대책으로 중요하다. 기초연금 이외에도 국민연금을 비롯한 공적연금의 소득대체율을 높이는 등의 내실화가 요구된다. 향후 소득을 벌어들일 수 있는 기회를 얻지 못하는 인구집단을 위한 기본소득 역시 노후 소득보장의 하나로 자리 잡아야 할 것이다.

참·고·문·헌

통계청(2021). 장래추계통계.

통계청(2021). 가계금융복지조사 각연도.

Chapter
15

성매매와 여성

1. 성매매의 정의
2. 성매매에 대한 패러다임 변화
3. 성매매방지정책의 과제

1. 성매매의 정의

성매매(Prostitution)는 성적 행위에 대해 금전적 대가를 지불하고 지불받은 거래를 통칭하는 개념이다. 매매춘, 매춘 등의 용어와 혼용해서 사용되었다. '윤락'은 성구매남성에게는 '그럴 수 있는 일'로 용인되는 반면 성판매 여성에게는 법적 처벌과 도덕적 비난이 부여되었다. '매매춘'은 여성 섹슈얼리티를 상징하는 봄[춘(春)]을 뜻하는 의미가 있는 용어이다.

1) 성매매에 대한 법률 제정

성매매피해자 지원체계는 2004년 「성매매방지 및 피해자보호 등에 관한 법률(이하 성매매피해자 보호법)」 제정 과정에서 형성된 민관파트너십을 토대로 구축되었다(정미례 · 이하영, 2017). 성매매 문제가 갖고 있는 젠더정치적 특성에 대한 민관의 합의를 토대로 민간에서 운영해오던 지원체계가 제도화된 것이다. 초반 구조지원을 중심으로 구축되었던 지원체계는 현장의 요구에 따라 2006년 자활지원센터 3개소가 설치 · 운영되면서 현재와 같이 상담소 · 일반지원시설 · 자활지원센터를 중심으로 한 통합적 지원체계가 되었다. 이와 같은 지원체계는 성매매방지법 제정과 함께 선도보호 시설에서 탈피하여 성매매를 피해의 경험으로 보며, 성착취 구조를 방치 · 확장해왔던 국가가 책임을 인정하고 여성인권을 보장하기 위한 것이었다.

그 안에서 성매매 여성은 도덕적 타락성을 기준으로 평가받아왔다. 성매매 문제 안에서 성구매자나 성매매 이익집단에 대한 논의보다는 성매매 여성에 대한 처벌과 문제 제기가 강조되어 왔으며, 가부장적 사회문화와 결합된 자본주의 논리 속에서 남성의 성욕을 해소하기 위한 성적 도구화의 대상이 되어 왔다(김인숙 · 정재훈, 2008). 기득권 남성 중심의 사회에서 과거 정부의 성장주도 경제 정책과 세밀하지 못한 사회보장체계는 자원이 취약한 여성을 성착취 구조로 내몰았다. 그리고 여성의 몸을 자본화하는 성산업 시장과 그에 대한 정부의 암묵적 확장정책 안에서 여성은 대상화되고 종별화되었다(박정미, 2011a; 이나영, 2007b). 이와 같은 기제 안에서 여성들은 성도덕적 타락성을 기준으로 비난받았다. 성병검사를 통해 국가로부터 몸을 통제・관리당했으며, 정부의 구제와 선도가 필요한 대상으로 취급받았다(박정미, 2011a; 이나영, 2006; 이나영, 2010). 즉, 한국 사회에서 역사적으로 성매매 여성은 비판과 통제의 대상이자 정권과 정책 변화에 따라 단속 또는 갱생의 대상이 되기도 하고, 선도보호의 대상이 되기도 하였다. 그 안에서 주체적 인간으로서 여성은 삭제되고, 대상화・타자화되어 온 것이다.

그러나 2000년 군산 대명동 성매매집결지 화재사건 이후 반성매매 운동에 진보 여성운동이 적극적으로 참여하면서 그동안 개인의 문제로 다뤄져온 성매매 문제가 성착취 구조에 대한 문제, 즉 사회적 책임 문제로 다뤄지기 시작했다. 반성매매 운동이 성매매 문제의 젠더정치적 특성을 토대로 국가와 "성매매 금지라는 목표를 공유"하면서 제도화를 이끌어냈기 때문이다(정재훈, 2007: 419).

2. 성매매에 대한 패러다임 변화

1) 구호와 갱생의 대상

대한민국 정부 수립 이후 공창제가 폐지되고, 넘쳐나는 전재민 구호와 자활 이슈와 함께 창기(娼妓)들은 별다른 생계대책 지원은 없이 구호와 갱생의 대상이 되었다. 성매매 여성이 갱생 및 선도의 대상으로 보다 적극적으로 종별화된 것은 1961년 윤락행위등방지법이 제정・시행된 이후이다. 당시 정부와 부녀보호국은 성매매 여성의 의지와는 상관없이 개척단・재건대와의 합동결혼을 추진하였고, 사회의 문제라고 규정하던 이들을 '가족'이라는 범주 안에 포함시킴으로써 정상성을 부여하고자 하였다(김아람, 2015). 당시의 정부는 성매매 금지주의를 표방함과 동시에 전국 104개 특정 지역을 암묵적 성매매 허용지역으로 설정하면서 보다 적극적으로 성매매 여성을 격리 수용의 대상이자 선도와 생의 대상으로 규정지었다. 먼저, 특정 지역이라는 공간 안의 여성과 공간 밖의 여성을 다른 것으로 구분하기 시작했으며, 설치 목적에도 "매음 지대와 일반 주택가를 격리시키고 윤락 여성들을 '특정 지역' 내에 수용함으로써 그들의 집단화를 기하며 자치적인 운영(김명숙, 1981:79)"을 하도록 한다는 기록을 공식적으로 남김으로써 일상생활과 성매매여성을 구분 지었다.

2) '타락한 여성'

'타락한 여성'이라는 의미의 윤락여성을 공식적인 용어로 채택하여 사용하였으며, 선도보호 정책 안에서 '바른길로 이끌 필요가 있는 대상'으로 공식화함으로써 성매매 여성을 대중의 정상적인 삶에서 구분되어 방탕하고 타락한 삶을 살아가는 여성으로 종별화한 것이다. 이와 같은 정부 정책은 베커나 고프만의 "부여된 비정상", 그리고 미셸 푸코의 "비정상 만들기"(박홍근, 2015:229에서 재인용)로 연결해 볼 수 있다. 1962년 정부는 성매매가 암묵적으로 허용되는 특정지역 104개를 발표하였고, 일탈적 공간으로 구분하였으며, 그 안에서 성매매 여성은 외화벌이의 국가 일꾼인 동시에 쉽게 돈을 벌기 위해 정조를 버린 타락한 선도의 대상이자 보호의 대상으로 규정되었고, 성병관리의 대상으로 위치되었다(이나영, 2007a; 2007b; 이하영·이나영, 2015). 이와 같은 성차별적 인식과 성적 소비재로 여성의 신체를 대상화하는 것, 그리고 정부 정책 속 종별화는 성매매 여성들의 자활을 제대로 보지 못하게 만드는 기제들이다.

3. 성매매방지정책의 과제

1) 국가별 성매매 제도와 관점 비교

| 표 15-1 | 국가별 성매매 제도 비교

<table>
<tr><th colspan="2">정책</th><th>금지주의</th><th>부분적 금지주의</th><th>국가규제주의</th><th>비법죄화</th></tr>
<tr><td colspan="2">인신론적
근거</td><td>도덕주의</td><td>여성주의
젠더차별</td><td>자유주의
반차별</td><td>자유주의</td></tr>
<tr><td colspan="2">관점</td><td>죄, 사회병리적 현상,
퇴폐행위</td><td>– 여성에 대한 폭력
– 성적착취</td><td>– 자유로운 성거래
– 직업에 일부</td><td>– 특정 산업에 불
과함</td></tr>
<tr><td rowspan="3">대
응</td><td>성판매</td><td>불법</td><td>비범죄화</td><td>합법</td><td>합법</td></tr>
<tr><td>성구매</td><td>불법</td><td>불법</td><td>합법</td><td>합법</td></tr>
<tr><td>알선업</td><td>불법</td><td>불법</td><td>합법
부분적 규제</td><td>불법</td></tr>
<tr><td colspan="2">목표</td><td>국민의 건강,
안녕을 위해 건전한
성문화 정착 요구</td><td>여성에 대한
성착취 근절</td><td>성노동자의 생존권
인정</td><td>자율적 성거래에
대한 국가 개입 지양</td></tr>
<tr><td colspan="2">채택국가</td><td>한국, 중국, 러시아</td><td>스웨덴, 노르웨이</td><td>독일, 네덜란드,
호주</td><td>프랑스, 이탈리아,
영국</td></tr>
<tr><td colspan="2">현재 논쟁</td><td>일부 여성주의자,
정책입안자</td><td>대다수 여성주의자</td><td>남성연대,
일부 진보 남성</td><td>일부 진보 남성</td></tr>
</table>

출처: 한국여성연구소(2019: 195). 재구성

(1) 스웨덴

스웨덴은 1999년에 세계 최초로 성적 서비스의 구매를 금지하는 국가가 되었다. 성적 서비스 구매금지법(Sex Purchase Act)을 통한 성구매자에 대한 처벌 규정의 도입은 수십 년에 걸쳐서 장기적인 노력의 결과라고 할 수 있다. 1970년대와 1980년대의 여성운동과 쉼터운동으로부터 비롯된 직접 행동주의는 여성폭력 이슈에 대한 폭넓은 이해를 이끌어내었다. 1977년에 스웨덴 정부는 성범죄 위원회를 설립하여, '강간 및 기타 성폭행(Rape and Other Sexual Assault)', '스웨덴에서의 성

매매: 배경과 행동(Prostitution in Sweden: Background and Actions)'이라는 제목으로 보고서를 발간하였다. 그 후인 1993년에 사회보건부(Ministry of Social Affair and Health)는 여성폭력위원회를 설립하였고, '여성의 안전과 청렴성(Security and Integrity of Women)'이라는 보고서를 통하여 신체적 폭력은 성매매, 음란물, 근친상간, 직장 내 성희롱 등 사회의 다른 현상과 관련이 있음을 밝혔으며, 1995년에 성매매에 대한 수사가 이루어졌다.

스웨덴에서 성매매와 성적 착취는 '젠더 문제'라고 보았는데, 이는 불의에 맞서고 평등, 특히 성평등의 증진을 위해 노력해온 스웨덴의 정치·사회적 분위기가 영향을 미쳤다고 볼 수 있다. 스웨덴에서 '성평등' 이슈는 40년 이상의 기간 동안 정치적인 우선순위 과제였으며, 1972년에 양성평등연구위원회가 설치되었고, 1976년부터는 성평등과 관련한 업무를 담당하는 장관이 존재하였다.

1999년에 제정된 성적 서비스 구매금지법상의 성구매자에 대한 처벌 규정은 2005년에 형법 제6장 제11절로 이전되었다. 이 규정에 따르면, 금전 지불을 대가로 하여 성관계를 맺은 사람의 경우는 성구매의 죄로 최대 1년의 징역 또는 벌금에 처하며, 이는 다른 사람이 금전 지불을 약속하거나 제공한 경우에도 적용된다. 이와 관련하여, 스웨덴 정부는 성적 서비스를 제공하는 여성은 대부분의 경우 약자의 지위에 있으며, 성적 욕구를 충족하고자 하는 사람들로부터 성적인 착취를 당하는 자를 기소하는 것은 합리적인지 않다고 하였다. 또한 여성이 성적 서비스를 제공하였다고 할지라도 형사적 처벌을 받지 않기 때문에 성매매로부터 벗어나는 데에 도움을 줄 수 있다고 보았다. 스웨덴의 정책은 성매매는 절대로 직업으로 간주될 수 없으며, 이는 항상 착취의 문제와 연계되어 있음을 명확히 하고 있다.

(2) 캐나다

2013년 12월 20일, 캐나다 연방대법원은 연방형법상 성매매 행위와 관련한 3가지 규정은 개인의 생명, 자유, 안전의 권리를 규정하고 있는 캐나다인의 자유 및 권리 헌장(Canadian Charter of Rights and Freedoms) 제7조를 위반하였다고 결정을 내린 바 있다(Bedford v. Attorney General of Canada). 문제가 된 조항은 성매매 목적의 음란한 장소 운영 금지 규정, 성매매를 통한 생계유지 금지 규정, 공공장소에서 성매매 목적의 호객 및 의사소통 금지 규정이다. 연방대법원은 위의 세 가지 범죄가 성매매 여성이 겪는 피해의 위험을 높이고 있으며, 여성의 안전에 대한 권리를 침해한다고 판단하였다.

그러나 연방대법원은 입법공백의 우려로 관련 조항에 대한 무효선언을 1년 동안 중단하였고, 만일 연방형법 개정안(Bill C-36)이 마련되지 않았다면 2020년 12월 20일에 해당 조항들은 무효가 되었을 것이다. 연방형법 개정안(Bill C-36)은 2014년 6월 4일에 의회에 제출되었고, 11월 6일에 왕실의 재가를 받았으며, 12월 6일에 발효되었다.

연방형법 개정안은 캐나다 형법에서 처음으로 성적 서비스 구매를 범죄화한 법안이며, 이는 성매매를 여성과 소녀들에게 불균형적인 영향을 미치는 성적 착취의 한 형태라고 보고 있다. 이 법안의 목적은 성적 서비스 판매자를 보호하고, 성매매로 인한 피해로부터 지역사회, 특히 아동을 보호하는 것이며, 성매매에 대한 수요 및 그 발생을 줄이는 것이다. 이러한 새로운 관점의 형법 체계는 성적 서비스의 구매, 성매매로 인한 성적 착취, 성적 착취를 통한 경제적 이익 추구, 기업을 통한 성매매의 제도화 등을 비판하고 금지함으로써 모든 캐나다인의 인간의 존엄성 및 평등을 보장하고자 한다. 성적 서비스 구매와 관련한 규정을 살펴보면, 대가를 조건으로 하여 성적 서비스를 제공받거나 그러한 목적을 위하여 어떠한 장소에서든지 교류한 자, 성적 서비스 제공에 대하여 광고를 하는 자, 성적 서비스 제공을 통하여 재정적 또는 기타

물질적 혜택을 받는 자, 대가를 조건으로 성적 서비스를 제안하거나 제공할 사람을 모집·보유·은닉 등을 하는 자에 대하여는 형사처벌을 한다. 그러나 성적 서비스를 판매하는 자는 앞선 범죄 행위가 자신의 성판매와 관련한 경우, 성적 서비스 판매자는 형사적 책임이 면제된다. 이와 같이, 캐나다는 성적 서비스 구매를 규제할 뿐만 아니라 타인의 성적 서비스 판매를 광고하는 자(성적 서비스 판매임을 알고 있는 웹사이트 게시자 및 관리자 포함), 타인의 성적 서비스 판매 등을 통하여 경제적 이익을 취득하는 자, 성적 서비스 판매자를 모집·보유 등을 하는 자 등을 처벌하되, 성적 서비스 판매자는 형사적인 책임의 범위에서 제외시킴으로써 성매매로 인한 성적 착취로 이들을 보호하고 있다.

2) 지원시스템

「성매매피해자 보호법」에 근거한 성매매 보호, 지원을 업무의 주무부처는 여성가족부로 정부 및 민간의 인프라를 통합하여 성매매 피해여성을 지원하기 위한 제도적인 시스템을 구축하였다. 또한 성매매 예방교육의 의무화, 의료비 지원, 성매매 피해 여성 구조시 수사기관의 협조 절차 등에 대한 근거를 마련하였다.

(1) 자활지원

2004년부터 2017년까지 성매매여성 자활지원정책은 2004년과 2009년을 기점으로 정권의 성격을 반영하여 그 기조가 전환되었다. 여성부(2004)에서부터 여성가족부(2017) 운영지침을 살펴보면, 2004년에 성매매 여성 당사자들의 요구에 따라 성매매 여성의 자활에 대한 국가 책임 이행하고자 지원 확대가 이뤄졌다. 반면, 2009년에는 '성매매 유형 변화와 미해결 집결지 정비'라는 미명 하에 성매매 집결지 중심 자활지원사 업을 현장 기능강화사업으로 전환하면서 실질적으로는 그 규모를 축소한 사실을 확인할 수 있다.

「성매매피해자 보호법」과 여성가족부(2017)의 지침에 따라 전달 체계에서 운영하는 기관들 중 본 연구에서 성매매여성 자활지원체계로서 초점을 맞추는 기관은 자활지원센터이다. 성매매여성 자활을 '탈성매매이후 살아감'으로 볼 때, 지원시설과 상담소, 자활지원센터 모두 당사자의 자활을 위해 기능하고 있다.

(2) 위기청소년 교육센터

아동 청소년 성보호에 관한 법률에 의거하여 성매매 피해청소년의 보호 및 지원을 위해 이용시설인 위기청소년교육센터를 지정하여 성매매 대상 청소년 사회복귀지원을 위한 치료, 재활 프로그램을 개발, 운영하고 있다. 현재 전국 11개소 센터가 설치되어 있으며 전문가와 상담, 자존감 증진프로그램, 성교육 등을 실시한다.

참·고·문·헌

통계청(2021). 장래추계통계.

통계청(2021). 가계금융복지조사. 각 연도.

한국여성연구소(2019). **젠더와 사회**. 경기: 동녘.

AUTHOR

저자소개

강 라 현

인제대학교 사회복지학 박사

현) 경북과학대학교 보육복지계열 외래교수

현) 한국건강가정진흥원 정보공개심의회 심의위원

공 영 미

계명대학교 유아교육학 박사수료

현) 경북과학대학교 보육복지계열 전임교수

류 혜 원

계명대학교 교육학 박사

현) 경북과학대학교 보육복지계열 전임교수

박 지 유

경성대학교 사회복지학 박사수료

현) 성운대학교 사회복지계열 전임교수

여성복지론

초판 1쇄 인쇄 / 2024년 1월 25일
초판 1쇄 발행 / 2024년 1월 30일

●

공저자 / 강라현 · 공영미 · 류혜원 · 박지유
발행인 / 이 중 수
발행처 / **동 문 사**

●

서울특별시 서대문구 홍제원 1길 12
(홍제동 137-8)
Tel: 02)736-3718(대), 736-3710, 3720
Fax: 02)736-3719
등록번호: 1974.04.27. 제9-17호
가격: 17,000원

●

ISBN: 979-11-6328-577-9 (93330)
E-mail: dong736@naver.com
www.dongmunsa.com